Wilhelm Lette

Die
Freizügigkeit,
das
wichtigste
Grundrecht
für die
arbeitenden
Klassen

Nach dem Original von 1863
herausgegeben von Hansjörg Walther.

Libera Media

2015

ISBN-13: 978-1515181699
ISBN-10: 1515181693

INHALT

EINLEITUNG

Das Recht auf Freizügigkeit erscheint uns heute, wenigstens für Staatsbürger, als selbstverständlich. In Deutschland genießt dieses Recht Verfassungsrang nach Artikel 11, Absatz 1 des Grundgesetzes *(„Alle Deutschen genießen Freizügigkeit im ganzen Bundesgebiet.")*.

Doch das war nicht immer so. Ginge man etwa in das Jahr 1863 zurück — das Jahr in dem die hier wiedergegebene Schrift ursprünglich erschien —, so würde man sich einem Zustand gegenübersehen, der einem fast unerträglich vorkäme.

Deutschland war zu jener Zeit ein loser Bund von einundvierzig unabhängigen Staaten, der Deutsche Bund; und es gab keine Freizügigkeit zwischen diesen vielen Staaten. Ja, größtenteils bestand nicht einmal Freizügigkeit innerhalb ihrer Grenzen. Es war also nicht selbstverständlich, daß jemand von einem Ort in den andern, selbst einen nahegelegenen, ziehen durfte. Vielmehr hing dies von oft recht willkürlichen Entscheidungen der Behörden ab.

Was das für Menschen bedeutete, zeigt etwa das Schicksal des Schneidergesellen Johann Leidemit aus Mecklenburg[1]. Dessen Leidensweg brachte Robert Zelle (später Oberbürgermeister von Berlin) in einem Vortrag 1862 an die Öffentlichkeit[2]. Und nicht von ungefähr stellte er dabei dieses Zitat als Motto voran:

„Sollte ich noch einmal geboren werden, so möchte ich nicht, daß es wieder in Deutschland wäre."

Der Schneidergeselle Johann Leidemit lebt Mitte der 1850er Jahre ganz unbescholten in Preußen und erfreut sich der Anerkennung seiner Nachbarn, die ihn dem örtlichen Schneider vorziehen. Doch dann geschieht ihm das Unglück, daß er ins Visier der preußischen Behörden gerät. Als illegaler Einwanderer wird er nun nach Mecklenburg, einem der ärmsten Länder in Deutschland, abgeschoben. Dort kann er keine Arbeit finden und nicht einmal heiraten, wozu man nämlich eine Erlaubnis der Behörde braucht.

Johann Leidemit nimmt nun einen endlosen Kampf mit den mecklenburgischen und preußischen Behörden auf, um einerseits in Mecklenburg heiraten zu dürfen und um andererseits als Preuße eingebürgert zu werden — ohne Erfolg.

---

[1] *Ein zeitgenössischer Artikel unter dem Titel „Ein deutsches Schneidergesellenleben" findet sich im Anhang zu : Karl Braun: Studien über Freizügigkeit (Neuausgabe bei Libera Media, 2015).*

[2] *Dieser wurde als „Ein deutsches Lebensbild" 1862 gedruckt, mit einer zweiten Auflage 1863.*

Einleitung

Mit seiner Frau, die aber nicht rechtlich seine Frau sein darf, hat er drei Kinder, für deren Geburt ihr in Mecklenburg eine „Hurenbuße" (Zahlung an die Armenkasse) drohen würde. Doch auch sie lebt illegal in Preußen. Und so kehrt Johann Leidemit ein ums andere Mal dorthin zurück, wo er ein gutes Auskommen haben und seine Familie versorgen kann. Wieder und wieder verhaften ihn die Behörden und er hat zu bestätigen, daß er „gesund und marschfähig" ist, womit er nach Mecklenburg zurücklaufen muß. Schließlich stirbt er bei einer dieser Abschiebungen, die er gar nicht „gesund und marschfähig" angetreten hat.

In fortgeschritteneren Ländern wie Frankreich, Belgien, Großbritannien oder den Vereinigten Staaten von Amerika hätte das nicht passieren können. Dort gibt es Freizügigkeit schon lange. Zwar hieß es bereits in der Verfassung der Paulskirche vom 28. März 1849 in den Grundrechten (Abschnitt VI, Artikel I, § 133):

„Jeder Deutsche hat das Recht, an jedem Orte des Reichsgebietes seinen Aufenthalt und Wohnsitz zu nehmen, Liegenschaften jeder Art zu erwerben und darüber zu verfügen, jeden Nahrungszweig zu betreiben, das Gemeindebürgerrecht zu gewinnen."

Doch die Verfassung blieb auf dem Papier. Die Revolution wird in Deutschland unterdrückt, und der Deutsche Bund mit seinem Universum von Kleinstaaten wiederhergestellt. Von Freizügigkeit kann keine Rede sein. Aber nicht alle wollen das hinnehmen.

Einer von ihnen ist Wilhelm Lette. Er wird am 10. Mai 1799 in Kienitz in der Neumark geboren. Nach dem Abitur studiert er in Heidelberg, Göttingen und

Berlin Rechtswissenschaften. Wegen Besuchs des Wartburgfestes und seiner Aktivitäten in Burschenschaften wird er im Zuge der vormärzlichen "Demagogenverfolgungen" bestraft[1]. 1821 tritt er als Auskultator in den Staatsdienst ein, wo er vom Obergerichtsassessor zum Rat aufsteigt und später 1835 zum Oberlandesgerichtsrat, 1840 Dirigenten der volks- und landwirtschaftlichen Abteilung an der Regierung zu Frankfurt (Oder) und schließlich 1843 zum Vortragenden Rat im Innenministerium.

Der Völkerfrühling reißt auch Wilhelm Lette mit. Im Jahr 1848 ist er an der Gründung des „Constitutionellen Clubs" in Berlin beteiligt und wird in die Frankfurter Nationalversammlung gewählt. Er schließt sich dort der Fraktion Casino an und arbeitet im volkswirtschaftlichen Ausschuß des Parlaments mit.

Sein Engagement für ein freies Deutschland bekommt Wilhelm Lette in der Reaktionszeit der 1850er Jahre nicht gut; er wird aus dem Staatsdienst entlassen. Nun widmet er sich wissenschaftlichen Studien, die etwa zu dem 1853/1854 zusammen mit Friedrich von Rönne[2] veröffentlichten dreibändigen Werk über „*Die*

---

[1] *Siehe dazu etwa: Johann Ferdinand Neigebaur: Geschichte der geheimen Verbindungen in Polen, 1831. Seite 48 ff.*

[2] *Friedrich von Rönne (1798-1865) stammte aus Holstein und nahm mit nicht einmal 16 Jahren in der Königlich Deutschen Legion an der Schlacht von Waterloo teil (das "königlich" bezieht sich dabei auf den König von Großbritannien). Später studierte er Jura und zog nach Preußen. 1834 wurde er preußischer Botschafter in den Vereinigten Staaten und danach Leiter des von ihm angeregten Preußischen Handelsamtes. Er gehörte*

Landesculturgesetzgebung des preußischen Staates" führen. Und er bleibt weiter politisch aktiv. So wird er 1851 in die preußische Kammer und ab 1852 wiederholt in das preußische Abgeordnetenhaus gewählt.

Seinen Zeitgenossen ist Wilhelm Lette vor allem bekannt für seine zahlreichen wohltätigen Bemühungen, so etwa im Zentralverein für das Wohl der arbeitenden Klassen, dem Berliner Handwerkerverein, der Deutschen Pestalozzi-Stiftung oder dem von ihm angeregten „Verein zur Förderung der Erwerbstätigkeit des weiblichem Geschlechts", der später zu seinen Ehren in "Lette-Verein" umbenannt wird und bis heute besteht.

Mit der Regentschaft des Prinzen Wilhelm in Preußen setzt ab 1858 ein Tauwetter in Deutschland ein. Die Teilnehmer der Revolution von 1848, die fast ein Jahrzehnt ausgeschaltet waren, können nun wieder in das öffentliche Leben eingreifen. Eines ihrer Ziele ist es dabei, für liberale Reformen zu werben. Und so wird 1858 der Kongreß Deutscher Volkswirte unter tätiger Mitwirkung von Wilhelm Lette begründet.

Was wie eine rein wissenschaftliche Veranstaltung wirkt, hat auch eine politische Dimension. Viele der

---

1848 der Nationalversammlung an (Fraktion Casino) und brachte seine Erfahrungen in den USA als Vorsitzender des volkswirtschaftlichen Ausschusses ein. Ab 1858 gehörte er dem Preußischen Abgeordnetenhaus an, zunächst für die Fraktion Vincke, ab 1862 für die Deutsche Fortschrittspartei. Im Jahr 1861 brachte er einen Gesetzentwurf zur Abschaffung der Paßpflicht ein.

Teilnehmer sind zugleich Mitglieder des National-
vereins, der Stimmung für eine deutsche Einigung
macht und dafür von den Regierungen verfolgt wird;
und auch mit der 1861 begründeten Deutschen Fortschrittspartei gibt es eine große Überlappung. Auf den
Sitzungen des Kongresses geht es von daher oft weniger um Theorie als um konkrete Reformen, die dann
publizistisch propagiert werden.

Eines der zentralen Themen des Kongresses ist
dabei die Gewerbefreiheit, die es in Preußen zwar
schon einmal von den Stein-Hardenbergschen Reformen an gab, die aber in der Reaktionszeit wieder beschränkt worden ist. Zu einem ähnlichen Rückschritt
ist es auch bei der inneren Freizügigkeit gekommen.
Die Diskussion zu beiden Fragen wird nun durch eine
Schrift von Karl Braun[1] aus dem Jahre 1860 vorange-

---

[1] *Karl Braun wurde am 20. März 1822 in Hadamar im Herzog-
tum Nassau geboren. Nach dem Abitur studierte er Philologie
und Rechtswissenschaften zunächst in Marburg dann in Göttingen. 1843 trat er in den Staatsdienst ein. Während der Revolution war Karl Braun im „Demokratischen Verein Wiesbaden"
tätig. Etwas später gehörte er als Abgeordneter dem nassauischen Parlament (Fraktion: Club der Linken) an. Nach Nieder-
schlagung der Revolution arbeitete er als Anwalt und war an
der Gründung des Kongresses Deutscher Volkswirte beteiligt,
dessen Sitzungen er ab 1859 vorsaß. Im Nassauer Parlement
setzte er sich für eine Liberalisierung der Gewerbeordnung und
Freizügigkeit ein Als Nationalliberaler wurde er Reichstag für
den Wahlkreis Wiesbaden in den Konstituierenden und den
ersten ordentlichen Reichstag gewählt, weshalb er auch häufig
"Braun-Wiesbaden" genannt wurde. 1867 berichtete er für die
Kommission, die sich mit der Freizügigkeit für den Norddeutschen Bund (später auf Deutschland ausgeweitet) beschäftigt*

Einleitung

trieben: *„Für Gewerbefreiheit und Freizügigkeit durch ganz Deutschland".*[1] Im selben Jahr setzt auch der Kongreß Deutscher Volkswirte die Freizügigkeit als eigenen Punkt auf die Tagesordnung, während sie vorher als Teil der Gewerbefreiheit abgehandelt worden ist. Wilhelm Lette leitet die eingesetzte Kommission und berichtet über die Vorschläge. Es wird schließlich eine Resolution verabschiedet, die die volle Freizügigkeit in Deutschland verlangt[2]:

> *1. Der volkswirthschaftliche Congreß spricht sich für unbedingte Freizügigkeit in ganz Deutschland aus, d. h. für das Recht, an jedem Orte Deutschlands seinen Wohnsitz nehmen und sein Geschäft betreiben zu dürfen, ohne vorher das Orts- und Staatsbürgerrecht in demselben erwerben zu müssen.*

---

hatte und weitgehende Freizügigkeit vorschlug. Der Gesetzentwurf wurde fast einstimmig angenommen. Mit der reaktionären Wende Bismarcks in den 1870ern wuchsen die Spannungen innerhalb der Nationalliberalen Partei. 1880 trat der linke Flügel aus und gründete die "Liberale Vereinigung" (auch "Sezession" oder "Sezessionisten" genannt), der auch Karl Braun angehörte. 1884 fusionierte die Liberale Vereinigung mit der Deutschen Fortschrittspartei zur Deutsch-Freisinnigen Partei, für die er dem Reichstag angehörte. 1891 zog Karl Braun nach Freiburg im Breisgau, wo er am 14. Juli 1893 starb.

[1] *Neu herausgegeben bei Libera Media.*

[2] *Zitiert nach: Bremer Handelsblatt, Jahrgang 1860, Nr. 467 (22. September), S. 359.*

2. *Der Congreß ist nicht der Ansicht, daß die Freizügigkeit von den einzelnen Staaten an die Bedingung der Gegenseitigkeit zu knüpfen sei.*

Wilhelm Lette liegt die Freizügigkeit aus mehreren Gründen am Herzen. Zum einen versteht er seine Wohltätigkeit nicht als Almosengeben, sondern als Hilfe zur Selbsthilfe. Aus seiner Sicht ist es ungerecht, von den aus den feudalen Verhältnissen befreiten Menschen einerseits zu verlangen, sie sollten selbst für sich sorgen, andererseits ihnen aber auf vielfältige Art und Weise die Mittel dazu zu entziehen, etwa durch Beschränkung bei der Wahl des Wohn- und Arbeitsorts oder beim Zugang zu den Gewerben.

Zum anderen hat Wilhelm Lette sich ausgiebig mit den Verhältnissen auf dem Lande beschäftigt, in denen die Gebundenheit und Ärmlichkeit der feudalen Verhältnisse noch weiterlebt. Ihm ist deshalb klar, wie wichtig es ist, daß Menschen in die Städte ziehen können, um ihr Los zu verbessern. Doch das wird selbst in Preußen mit einer immer noch relativ liberalen Gesetzgebung behindert, etwa durch Einzugsgelder, die bei der Ansiedelung zu entrichten sind.

Die Frage der Freizügigkeit steht mit anderen Fragen im Zusammenhang, wie etwa der Gewerbefreiheit, einer Reform der ländlichen Verhältnisse sowie der Freiheit zu heiraten (die es zwar in Preußen, aber nicht überall in Deutschland gibt). Hiermit beschäftigt sich Wilhelm Lette 1861 in mehreren Beiträgen zum gro-

Einleitung

ßen „Staats-Lexikon" von Rotteck und Welcker[1], die im Anhang zu diesem Buch wiedergegeben sind.

Auf der Sitzung des Kongresses Deutscher Volkswirte 1863 in Dresden kommt das Thema Freizügigkeit wieder auf die Agenda. Vorbereitet wird dies durch weitere Veröffentlichungen wie der vorliegenden Schrift von Wilhelm Lette von Anfang des Jahres mit dem für sich selbst sprechenden Titel: *„Die Freizügigkeit, das wichtigste Grundrecht für die arbeitenden Klassen"*. Auch dieses Mal gehört Wilhelm Lette der Kommission an und plädiert zusammen mit Karl Braun für umfassende Freizügigkeit in Deutschland nicht nur für Deutsche, sondern für alle. Die Forderung wird als ein detailliertes Programm formuliert, dem die Versammlung mit großer Mehrheit zustimmt.[2]

Unter Punkt 1 heißt es da:

„Es soll Jedermann, welcher Gemeinde, welchem Lande oder welcher Nation er auch angehören mag, gestattet sein: an jedem Orte, wo er will, seinen Aufenthalt und Wohnsitz zu nehmen, auch jeden an sich erlaubten Nahrungszweig zu betreiben, sich zu verheirathen und eine Familie zu gründen, desgleichen Grundeigenthum zu erwerben. "

---

[1] *Karl von Rotteck und Karl Welcker (Hrsg.): Das Staats-Lexikon, 3. Auflage, Leipzig, 1861, und dort die beiden Beiträge zu den Stichworten „Freizügigkeit" und „Ein- und Auswanderung".*

[2] *Die einschlägigen Passagen der Diskussion sind im Anhang zu dem Buch von Karl Braun: „Die Freizügigkeits-Gesetzgebung der Schweiz" (Libera Media, 2015) wiedergegeben.*

Und um jedes Mißverständnis über die Reichweite zu vermeiden, wird unter Punkt 2 dann noch einmal explizit vermerkt, daß das Recht nicht auf Inländer beschränkt oder von der Gegenseitigkeit mit anderen Staaten abhängig sein soll.

Publizistisch flankiert werden diese Aktivitäten von Mitgliedern des Kongresses Deutscher Volkswirte.[1] Dennoch erscheint eine Umsetzung im Rahmen des notorisch schwerfälligen Deutschen Bundes mit seinen einundvierzig Staaten noch als reine Zukunftsmusik.

Womit wohl keiner 1863 rechnen kann, ist die Geschwindigkeit der weiteren Entwicklung. Österreich wird 1866 aus Deutschland gedrängt. Und mit der Gründung des Norddeutschen Bundes und der Wahl eines Reichstags, dem Wilhelm Lette für den Wahlkreis Frankfurt an der Oder und die Nationalliberale Partei angehört, eröffnet sich nun die lang ersehnte Chance.

Die liberalen Parteien (Deutsche Fortschrittspartei, Freie Vereinigung und Nationalliberale) sind die dominierende Kraft, was sich in der Gesetzgebung allent-

---

[1] *Als Wiederveröffentlichungen bei Libera Media unter anderem (siehe auch: http://libera-media.de):*

- *Karl Braun: Die Freizügigkeits-Gesetzgebung der Schweiz, 1864.*
- *Karl Braun: Studien über Freizügigkeit, 1863.*
- *Friedrich Bitzer: Das Recht auf Armenunterstützung und die Freizügigkeit, 1863*
- *Heinrich Hermann Rentzsch: Gewerbefreiheit und Freizügigkeit, 1861*

halben bemerkbar macht: Binnen kurzer Zeit werden eine ganze Reihe liberaler Ziele verwirklicht, so etwa die Koalitionsfreiheit, die Gewerbefreiheit und die Gleichberechtigung der religiösen Bekenntnisse. Die Paß- und Visapflicht wird sowohl für In- als auch Ausländer abgeschafft. Und es kommt endlich die Freizügigkeit auf die Agenda. Nicht von ungefähr gehört Wilhelm Lettes Mitstreiter vom Kongreß Deutscher Volkswirte, Karl Braun, der vom Reichstag eingesetzten Kommission an, für die er dann am 21. Oktober 1867 im Plenum berichtet. Empfohlen wird nichts weniger als die Einführung der vollen Freizügigkeit im Norddeutschen Bund.

Die anschließende Debatte fällt wenig kontrovers aus, und die Kritik — hauptsätzlich von Seiten der Deutschen Fortschrittspartei — richtet sich nicht gegen das Prinzip, sondern nur dagegen, daß man nicht noch weiter gehen will. Am 22. Oktober 1867 wird schließlich das „Gesetz über die Freizügigkeit" vom Reichstag fast einstimmig angenommen.

Die Freizügigkeit ist wohl einer der großen Erfolge dieser kurzen liberalen Ära, der mit dem Namen Wilhelm Lettes verbunden sein sollte. Ihre Erweiterung auf ganz Deutschland im Zuge der Reichsgründung 1871 erlebt Wilhelm Lette nicht mehr. Im Jahre 1868 erkrankt er schwer und stirbt am 3. Dezember 1868 in Berlin.

Hansjörg Walther

ZUR EDITION

Die vorliegende Wiederveröffentlichung der Schrift von Wilhelm Lette folgt dem Original. Sperrungen zur Hervorhebung wurden nachgeahmt. — Kursive Fußnoten stammen vom Herausgeber, nichtkursive aus dem Original. In eckigen Klammern und mit kleinen Lettern ist die ursprüngliche Paginierung vermerkt, wobei im Fall von Trennungen zusätzliche Bindestriche nach der Seitenzahl eingefügt wurden.

DIE FREIZÜGIGKEIT, DAS WICHTIGSTE GRUNDRECHT FÜR DIE ARBEITENDEN KLASSEN

Vom

Präsidenten Dr. Lette.

[1] (Vergleiche die Schrift des Ober-Regierungsrath Friedrich Bitzer, Stuttgart 1863: „Das Recht auf Armen-Unterstützung und die Freizügigkeit, ein Beitrag zu der Frage des allgemeinen deutschen Heimachsrechtes."[1])

Die Frage der Freizügigkeit berührt ein wirthschaftliches Gebiet, auf dem sich der Central-Verein für das Wohl der arbeitenden Klassen und der Kongreß

---

[1] *Neuauflage 2015 bei Libera Media (http://libera-media.de).*

deutscher Volkswirthe begegnen.[1] Jener hat sich mit dem Gegenstande bereits im ersten Bande seiner Zeitschrift, dieser letztere damit wiederholt auf mehreren Kongressen beschäftigt. Ein in der neuesten, der dritten Auflage des Staats-Lexikons von Rotteck und Welcker, Band 5, Seite 700 ff. befindlicher Artikel[2], wovon ein Separatabdruck, als vorbereitende Denkschrift für die Verhandlungen des dritten volkswirthschaftlichen Kongresses, 1860 in Köln vertheilt wurde, behandelt die Frage ausführlicher. Für die erschöpfende Behandlung derselben ist die Schrift des Ober-Regierungs-Raths B i t z e r ein um so werthvollerer Beitrag, als sie von einem des Gegenstandes in besonderem Grade kundigen Beamten aus dem deutschen Süden und aus einem Staate kommt, in welchem die Freizügigkeit mit ihren nothwendigen Folgerungen zur Zeit noch großen Beschränkungen unterworfen ist.[3] Allerdings setzt, wie es in der Schrift geschehen, die Erörterung der Freizügig-

---

[1] *Wilhelm Lette war in beiden Vereinigungen an führender Stelle tätig.*

[2] *Der Beiträge zu den Stichworten „Freizügigkeit" und „Ein- und Auswanderung", als deren Autor sich Wilhelm Lette hier bescheidener Weise nicht selbst nennt, finden sich im Anhang zu diesem Buch.*

[3] *Preußen, woher Wilhelm Lette kommt, hat unter den deutschen Staaten eine vergleichsweise liberale Gesetzgebung zur inneren Freizügigkeit. Es gibt ein Recht, sich anderswo niederzulassen und tätig zu werden, das nur unter bestimmten Gründen versagt werden darf. Hingegen gibt es in Württemberg, woher Friedrich Bitzer kommt, noch große Schwierigkeiten auch für die innere Freizügigkeit.*

Freizügigkeit, das wichtigste Grundrecht

keitsfrage die gleichzeitige Betrachtung der Frage des Armenrechtes und wiederum diese die des Heimathrechtes, insbesondere aber des Rechtes auf Wohnung und Aufenthalt, daran anschließend ferner des Rechts auf Ansässigmachung, auf Erwerbs- und Arbeitsbefugniß, wie auf Gründung einer Familie, bezüglich auf Verehelichung[1] voraus. Denn es liegt auf der Hand, daß die Freizügigkeit an sich, mit dem Rechte, Aufenthalt und Wohnung an einem Orte zu nehmen, mehr oder we-[2]-niger werthlos ist, je nachdem damit nicht gleichzeitig eine möglichst unbeschränkte Erwerbs- und Gewerbefreiheit, mithin die Befugniß verbunden ist, durch Anwendung angeborener oder erworbener geistiger und physischer Fähigkeiten und Kräfte für sich und die Seinigen Nahrung und Unterhalt zu schaffen. Ebenso wird

---

[1] *In vielen deutschen Staaten wird die Eheschließung von einer vorherigen Genehmigung der Obrigkeit abhängig gemacht, bei der überprüft werden soll, ob die Eheleute eine Familie ernähren können und nicht eine „leichtsinnige" Ehe eingehen. Auf dem Kongreß Deutscher Volkswirte von 1863 in Dresden äußert Wilhelm Lette seine Empörung darüber so: „Ich kann kaum die Worte dafür finden, um die Unsittlichkeit der Polizeimassregeln zu bezeichnen, welche ersonnen worden sind, um dies sittlichste aller menschlichen Bedürfnisse zu verkümmern." (Vgl. Bericht über die Verhandlungen des sechsten Kongresses deutscher Volkswirthe zu Dresden am 14., 15., 16. und 17. September im Auftrage der ständigen Deputation erstattet von W. Jungermann, abgedruckt in: Julius Faucher (Hrsg.): Vierteljahrschrift für Volkswirthschaft und Culturgeschichte, Jahrgang 1863, 3. Band, Seite 261ff., wiedergegeben im Anhang zu: Karl Braun: Die Freizügigkeits-Gesetzgebung der Schweiz, Libera Media 2015. Die Mitglieder des Kongresses werden im Norddeutschen Bund dafür sorgen, daß solche Regelungen abgeschafft werden.*

der Werth der Freizügigkeit mit der Befugniß, Aufenthalt und Wohnung an einem Orte zu nehmen, erheblich vermindert, wenn die Gesetzgebung des Landes den Erwerb von Grundstücken, eines eigenen Grundbesitzes, erschwert oder verhindert; sei es, daß dieser Eigenthumserwerbs für Ausländer oder Neuanziehende überhaupt, oder auch nur der Besitz von Grundeigenthum dieser oder jener Art zufolge Privilegien und Vorrechte gewisser Gesellschaftsklassen, Anderen versagt ist, — oder sei es, daß die Theilbarkeit des Grundbesitzes durch Rechtsinstitute und gesetzliche Bestimmungen, wie Fideikommisse[1] und Geschlossenheit der ländlichen Grundbesitzungen, beeinträchtigt wird.

Das Recht der Freizügigkeit erhält daher seinen vollen Werth und Erfolg erst mit der vollständigen Arbeits-, Erwerbs- und Gewerbefreiheit, mit der nicht beschränkten Befugniß auf Ansässigmachung und Gründung einer Familie. Dasselbe fordert die gleichzeitige Wegräumung aller dem entgegenstehenden Hindernisse. Dahin gehören eben-

---

[1] *Bei einem Fideikommiß ist das Vermögen einer (meist adeligen) Familie ein Sondervermögen, das der Familie gehört, aber nur von einem Familienmitglied genutzt werden darf. Auf diese Weise wird eine Teilung auf ewig verhindert. Außerdem sind die Schulden des Inhabers von dem Fideikommiß getrennt, sodaß bei dessen Konkurs nicht durchgegriffen werden kann und das Vermögen erhalten bleibt. Der Begriff kommt vom lateinischen „fidei commissum", was sinngemäß „zu treuen Händen belassen" bedeutet.*

sowohl die Zunftprivilegien und Gewerbsmonopole, wie die polizeilichen Koncessionen zur Ansiedlung und Eingehung einer Ehe, wie die Verbote oder Erschwerungen der Theilbarkeit des Grundbesitzes und der Ansiedlung mit Aufbau eigener Wohngebäude auf dem erworbenen, auch kleinem Grundeigenthum.

Dann erst wird es jedem Gliede des Staatsverbandes, auch dem von Hause aus kapitallosen Arbeiter, möglich gemacht, durch Fleiß, Sparsamkeit, Ordnung und Sitte, durch Ausbildung und Benutzung seiner Fähigkeiten und Kräfte allmälig von den verschiedenen Gütern der Nation seinen kleineren oder größeren Antheil zu erwerben. Erst mit Wegräumung jener Hindernisse wird auch dem Arbeiter die volle persönliche, bürgerliche und wirthschaftliche Freiheit zu Theil, auf welche jedes Glied der Staatsgemeinde einen gleichberechtigten Anspruch hat.

Eine solche Ausdehnung muß für das Grundrecht der Freizügigkeit mit den erst ihren vollen Werth und Erfolg bedingenden Konsequenzen und Wirkungen in Anspruch genommen werden. Darin aber haben sie auch ihre Grenze und es liegt dagegen außerhalb derselben die vielmehr dem politischen, nicht mehr dem wirthschaftlichen und gesellschaftlich-bürgerlichen Rechtsgebiet angehörige Entscheidung darüber: unter welchen Bedingungen und Voraussetzungen [3] in jedem Lande oder Orte ein Anspruch auf Gemeinde- oder Staatsbürgerrechte begründet sei. Ebenso liegt außerhalb jener Grenze der Anspruch auf

Wilhelm Lette

Theilnahme an bestimmten Vermögens-
stücken oder Nutzungsgegenständen
der Gemeinde des Heimaths- oder Aufenthaltsor-
tes, an dem Bürger- oder Bürgerklassen-
Vermögen, während hingegen mit dem Aufent-
halts- und Wohnungsrechte an einem bestimmten Orte und in einem Gemeindebezirk der Anspruch auf Benutzung aller öffentli-
chen Anstalten, wie Straßen, Brunnen, Erleuch-
tung u. s. w., ebenso aber auch der öffentlichen Schulen
nothwendig verbunden ist.

Durch sogenannte Eintritts- oder Einzugsgelder, d. h. Abgaben für Aufenthalt und
Wohnung an anderen als den Heimathsorten, wird die
Freizügigkeit betroffen und beeinträchtigt. Dagegen
fällt das Bürgerrechtsgeld, eine Abgabe für das
Gemeindebürgerthum und die damit verbundenen politischen (Wahl- oder ähnlichen) Rechte in den Bereich der politischen Verfassung der
Gemeinden oder des Staates. Ingleichen
wird die Freizügigkeit mit ihren Konsequenzen durch
sogenannte Einkaufsgelder oder andere Aequiva-
lente für die Mitbenutzung von Bürger-
oder Bürgerklassen-Vermögen nicht betroffen.[1]

---

[1] *Es gibt drei Ebenen auf denen Freizügigkeit in der Zeit durch*
Gebühren beschränkt sein kann: (1) beim Zuzug und bei Auf-
nahme einer Tätigkeit, (2) um Gemeindebürger zu werden, der
bei Wahlen und in den politischen Gremien mitbestimmen darf
und (3) um das Gemeineigentum der Gemeinde mitnutzen zu
dürfen. Wilhelm Lette lehnt Gebühren im ersten Sinne ab, wäh-
rend er in den beiden anderen Fälle solche Zahlungen nicht aus-

Freizügigkeit, das wichtigste Grundrecht

Es gehen die Widersprüche gegen die Freizügigkeit hauptsächlich von zwei Standpunkten aus. Der eine beruht auf der Besorgniß der naturgemäß zur Unterstützung dürftiger Glieder subsidiarisch verpflichteten Gemeinde- und Heimathsbezirke vor Vermehrung der Last der Armenpflege bei etwaniger[1] Verarmung neu anziehender Personen und Familien. Der zweite beruht auf der Besorgniß der einzelnen innerhalb des Gemeinde oder Heimathsbezirkes bereits angesessenen Gewerbetreibenden, Arbeiter oder Landwirthe, daß ihnen durch neuen Zuzug ihr bisheriges Erwerbs- oder Arbeitsfeld und dadurch ihrer Familien gesicherter Nahrungsstand entzogen oder wenigstens geschmälert werden könne.

Wie wenig von diesem zweiten Standpunkte aus ein Recht auf Ausschließung anderer Mitglieder des Staatsverbandes zu begründen ist, bedarf an dieser Stelle keiner weiteren Erörterung.[2] Vorzugsweise ist es die B e - s o r g n i ß   v o r   V e r g r ö ß e r u n g   d e r   L a s t   d e r

---

schließt. Das hat auch taktische Gründe, weil so Sorgen zerstreut werden, neu Zuziehende könnten die Gemeinde politisch oder das Gemeindeeigentum übernehmen, ohne etwa dafür beitragen zu müssen.

[1] etwaiger.

[2] Die Volkswirte des Kongresses würden nicht bestreiten, daß mehr Konkurrenz zu niedrigeren Löhnen oder Schwierigkeiten für eingesessene Unternehmen führen könnte. Bestritten wird aber wie in ähnichen Fällen (Gewerbefreiheit, Handelsfreiheit, usw.) daß das ein legitimer Grund sein kann, um Zuwanderer auszuschließen.

Armenpflege, woran man die Beschränkung der Freizügigkeit zu stützen pflegt. Deshalb ist es auch hauptsächlich die Gesetzgebung über Armenpflege, von welcher das Recht der Freizügigkeit berührt, wodurch dieselbe mehr oder weniger beschränkt oder erweitert wird. Denn es liegt auf der Hand, daß, wenn Jemand, welcher Wohnung und Heimath seit vielen Jahren an einem anderen, als seinem Geburts- und Heimathsorte gehabt hat, stets ohne Zeitbeschränkung wiederum an den alten Heimathsort zurückgewiesen werden darf, sobald er an dem [4] anderen Orte in seinem Nahrungsstande verfällt und der Armenpflege bedürftig wird, alsdann das Recht der Freizügigkeit, von welchem er in früheren Jahren Gebrauch gemacht hat, für ihn späterhin die übelsten Folgen haben kann, wenn er nach Jahren, alt und kraftlos geworden, aus eingewohnten Kreisen, Verbindungen und Verhältnissen herausgerissen und an seinen ihm inzwischen völlig entfremdeten, ursprünglichen Heimaths- resp. Geburtsort wieder zurückversetzt wird.

Mit der Gewährung von Freizügigkeit und des zu ihr gehörigen Rechts, an jedem anderen Orte des Staatsgebietes Aufenthalt und Wohnung zu nehmen, muß deshalb zugleich die Bestimmung verbunden sein, daß der Angezogene nach einer gewissen Zeit am neuen Wohnorte ein festes Heimathsrecht mit der Wirkung erwirbt, daß er im Fall etwa eintretender Unterstützungsbedürftigkeit und Verarmung von der Gemeinde des neuen Wohnortes zu erhalten sei, wofür der Verfasser der oben erwähnten

Freizügigkeit, das wichtigste Grundrecht

Schrift[1] eine Z e i t v o n d r e i J a h r e n bestimmt wissen will. Denn gewiß erscheint es durchaus gerechtfertigt, daß diejenige Gemeinde, in welcher der Neuangezogene Jahre hindurch seine geistigen oder physischen Kräfte ausgenutzt oder sein Vermögen verwendet hat, auch für den Fall, daß er späterhin der Armenunterstützung bedürftig werden sollte, diese Unterstützung übernimmt.

Andererseits würde freilich eine wohlhabende Gemeinde mit Vagabonden und Bettlern überschwemmt und ruinirt werden können, wenn bei voller Freizügigkeit ihre Pflicht auf Armenversorgung jedes Neuangezogenen sofort mit dem Zeitpunkt des genommenen neuen Aufenthalts unbedingt einträte.[2] In der That liegt auch die Bestimmung, daß der Verarmte bei einem nur kurzen Aufenthalt in der neuen Gemeinde an den früheren Heimathsort zurückgewiesen werden dürfe, nicht blos im Interesse der Zuzugsgemeinde, sondern sogar im Interesse der unbeschränkten Freizügigkeit selber. Beiderlei Interessen verlangen deshalb eine a n - g e m e s s e n e Z e i t b e s t i m m u n g für die Erwerbung des H e i m a t h s r e c h t s mit der F o l g e d e r A r m e n u n t e r s t ü t z u n g bezüglich Neuanziehen-

---

[1] *Gemeint ist Friedrich Bitzer und seine Schrift „Das Recht auf Armenunterstützung und die Freizügigkeit".*

[2] *Wilhelm Lette lehnt eine „unbedingte" Pflicht zur Unterstützung ab, würde aber wohl wie Friedrich Bitzer beispielsweise bei einer aktuen Erkrankung eine Pflicht zur Unterstützung bejahen, solange der Betreffende nur unter Gefahr für seine Gesundheit in die Heimatgemeinde zurückgeschickt werden könnte.*

der. Nur dadurch können beide, die Interessen der Gemeinden wie der Individuen, vermittelt und kann der sonst stets wiederkehrende unaufhörliche Krieg zwischen der Freiheit des Individuums (der Freizügigkeit) und der Erhaltung und autonomischen Selbstverwaltung freier Gemeinden, verbunden mit der Pflicht der U n t e r s t ü t z u n g ihrer A r m e n, auf die Dauer geschlichtet werden.

Wie sich andernfalls die Gemeinden auf Kosten der persönlichen und bürgerlichen Freiheit der Einzelnen, gegen deren Zuzug nur um so schärfer wehren und absperren, hat die frühere Gesetzgebung und das Beispiel E n g l a n d s dargethan. Die in ihren wesentlichen Prinzipien noch jetzt fortwirkende [5] Parlamentsakte aus dem Jahre 1662 verordnete: „daß, auf Antrag der Kirchenpfleger[1] und Armenaufseher, nur innerhalb der kurzen Zeit von 40 Tagen nach Ankunft einer Person, welche sich auf einem Hause von einem Ertrage unter 40 Lstr.[2] niederzulassen beabsichtige, jede Person, von der anzunehmen sei, daß sie der Gemeinde zur Last fallen k ö n n e, durch zwei Friedensrichter in die Gemeinde ihres früheren gesetzlichen Wohnsitzes zurückgewiesen werden dürfe." Der in England seit dem 16. Jahrhundert geltenden obligatorischen Verpflichtung zum Theil sehr kleiner Kirchspiele[3], bezüglich Gemeindebezirke zur Armenpflege, stand ein förmlicher recht-

---

[1] *Die Armenpflege war den Pfarrbezirken (parishes) zugeordnet.*

[2] *Abkürzung für: Pfund Sterling.*

[3] *Pfarrbezirke.*

licher Anspruch der Einzelnen auf Armenunterstützung zur Seite. Es ist bekannt, daß dort die auf dem Grundbesitz lastende Armensteuer und Armenunterstützungspflicht eine ganz enorme ist. Diese aber hatte wiederum zur Folge, daß Gutsherren und Pächter die Wohngebäude der kleinen Leute auf dem Lande möglichst zu vermindern, die kleinen Freisassen auszukaufen und die Wohnungen abzubrechen bemüht waren, daß so ein fortgesetzter Krieg gegen die Hütten geführt wurde, wodurch sogar die nöthigen ländlichen Arbeiter von den Grenzmarken der größeren, dort mit dem Umfang besonderer Kirchspiele häufig zusammenfallenden Grundbesitzungen fern gehalten und dieselben mit ihren Familien genöthigt wurden, wie es zum Theil noch jetzt der Fall ist[1], in den schlechtesten Stadtvierteln oder in ungesunden, auf die Spekulation übermäßiger Miethszinsen erbauten Hütten, oft weit ab vom Arbeitsorte, ihr Unterkommen zu suchen. Dieser für die Arbeiter so höchst ungünstige Zustand wurde durch die im größten Theile Englands herrschende Sitte der ungetheilten Vererbung des Grundbesitzes an den ältesten männlichen Abkömmling und die hierdurch erschwerte Theilbarkeit des Grundeigenthums festgehalten und verschlimmert. Grade umgekehrt schloß sich aber hieran als eine nothwendige Folge die fortschreitend steigende Ausdehnung der Armenpflege nebst Vermehrung der Armensteuer. Dabei wurde dann diese letztere mitunter auch wieder benutzt, um durch sie die Lohns-

---

[1] Siehe unter Anderem das Memoire über die Zukunft des englischen Ackerbaues und der Landarbeiter von Chadwick im Congrès international de Bienfaisance de Bruxelles, Session 1856 T. II. p. 199 und 208.

ätze der ländlichen Arbeiter auszugleichen und herabzudrücken. Sie gereichte so wiederum gerade zum Nachtheil der Arbeiter und zur Verkehrung des für längere Zeitperioden zur Geltung gelangenden, aus wirthschaftlichen Gesetzen beruhenden Gleichgewichts zwischen dem Preise der Lebensbedürfnisse, dem Lohn und der Arbeitsleistung. Im Gegensatze zur Grundlage der Armenunterstützung in England, dem Kirchspiel, resp. Gemeinde- (oder Guts-) Bezirk und dem obligatorischen Charakter der Armenpflege bedürftiger Individuen, [6] bezeichnet der Oberregierungsrath Bitzer die Armenpflege in F r a n k r e i c h als eine fakultative, die als solche auf freiwilliger Mildthätigkeit, demnächst aber zumeist auf den zwar von den Gemeinden verwalteten, indeß unter polizeilicher Staatsbevormundung stehenden öffentlichen Anstalten, als Waisen-, Findel- und Armenhäusern, Hospitälern u. s. w. beruht, welche in der Revolution von 1789 den Gemeinden anfangs entzogen, später wieder zurückgegeben wurden.

Auch diese französische Einrichtung des Armenwesens steht mit dem polizeilichen Centralisationssystem und der Unselbstständigkeit der Gemeinden in Frankreich im Zusammenhange. Aber das Korrelat davon ist die unbedingte Freizügigkeit und wirthschaftliche Freiheit der Individuen in Frankreich[1], welche die besten

---

[1] *Die These von Friedrich Bitzer in seinem Buch, an die sich Wilhelm Lette hier bis in die Argumentation hinein anlehnt, ist die, daß eine obligatorische Armenpflege wie in England oder den deutschen Staaten zu Beschränkungen der Freizügigkeit führen muß, etwa der Zurückweisung von Armen, im Gegensatz zu einer fakultative Armenpflege wie in Frankreich. Dort wurde die Armenpflege zunächst von der katholischen Kirche und ein-*

jugendlichen Kräfte auch aus den süddeutschen Ländern anzieht und diese Kräfte gleichzeitig zum Besten des Volkswohlstandes und der Finanzkraft des französischen Staates verwerthet.[1]

Die Armenpflege als allgemeine Staatslast ist freilich durchaus verwerflich. Denn diese müßte in ihrer Konsequenz und schließlichen Wirkung zum Staats-Kommunismus und allgemeinen gesellschaftlichen Bankerott hinführen, wie zur Auflösung jeder Selbstverwaltung im Gemeindewesen und der Selbstständigkeit der Gemeinden als besonderer Glieder und Korporationen, dieser untersten Kreise eines freien Staatswesens.

Deshalb erklärt sich der Verfasser mit Recht dafür, daß die Armenpflege nur eine Gemeindelast, nicht aber eine Staatslast sein dürfe. Der Staatsverband hat nur subsidiarisch bei großen Kalamitäten einzutreten, welche die Kräfte einzelner Gemeinden übersteigen, woge-

---

schlägigen Stiftungen geleistet. Nach einer zwischenzeitlichen Enteignung in der Revolutionszeit, kehrte man zu dem vorherigen System zurück. Der französische Staat erbringt zwar auch gewisse Leistungen, auf die aber im Zweifelsfall kein Anspruch besteht. Da die Leistungen vom Zentralstaat und nicht der Gemeinde erbracht werden, ist es relativ gleichgültig, wo sie erbracht werden. Und weil es keinen Anspruch gibt, kann es auch keine Überlastung geben durch unbeschränkte Anforderungen.

[1] *Das ist in der Zeit für viele Deutsche ein wunder Punkt, der je nachdem auch so formuliert wird, daß die deutschen Auswanderer in Frankreich dort mit ihren Steuern den „Erbfeind" finanzieren.*

gen es zunächst allerdings die Familie ist, deren Verpflichtung zur Erhaltung arbeitsunfähiger, dürftiger Familienmitglieder in erster Linie steht.

Im Uebrigen kann, was die Armenpflege in ihrem Zusammenhange mit der Freizügigkeitsfrage betrifft, auf die ausführlichen Erörterungen der oben bezeichneten Schrift verwiesen werden.

Auf die F r e i z ü g i g k e i t und die mit ihr z u s a m m e n h ä n g e n d e n W i r k u n g e n findet vor allem Anderen der Ausspruch R o b e r t v . M o h l ' s [1] Anwendung (S. 73): „ein Rechtsstaat könne keinen andern Zweck haben, als den, das Zusammenleben des Volks so zu ordnen, daß ein jedes Mitglied desselben in der möglichst freien und allseitigen Uebung und Benutzung seiner sämmtlichen Kräfte unterstützt und gefördert werde; daß die Freiheit der Bürger der oberste Grundsatz des Rechtsstaates sei. Der Mensch solle s e l b s t handeln und sich bewegen innerhalb der Grenzen der Vernunft und des Rechtes. Dabei sei eine selbstständige Ausbildung sein Recht, aber auch eine Pflicht gegen sich selbst. Der Staat habe keineswegs an die Stelle des gesammten [7] Volkslebens zu treten, das

---

[1] *Robert von Mohl wurde 1799 in Stuttgart geboren und starb 1875 in Berlin. Als führender deutscher Staatswissenschaftler popularisierte er den Begriff des "Rechtsstaats". Während der Revolution von 1848/1849 war er Mitglied der Nationalversammlung in der Paulskirche und kurzzeitig Justizminister der deutschen Zentralgewalt. Später gehörte er der Ersten Badischen Kammer an (als Vertreter der Universität Heidelberg), von 1867 bis 1872 als deren Präsident. Er war zudem einer der Herausgeber der „Zeitschrift für die gesamte Staatswissenschaft".*

selbe völlig verschlingend, sondern er sei nur ein wenn freilich auch höchst mächtiges und unentbehrliches Mittel zur Ausbildung des Einzelnen." — Dasselbe ist ebenso bereits in der Geschäftsinstruktion für die Regierungen in Preußen[1] vom 26. December 1808, in dieser Grundlage zum gesammten neueren Verwaltungs- und Regierungssystem des preußischen Staats, jenem Meisterwerke aus der Verlassenschaft des kurz vor deren Publikation durch Napoleon verbannten preußischen Ministers Freiherrn von Stein[2], dahin ausgesprochen: „daß bei allen Ansichten, Operationen und Vorschlägen der Regierung der Grundsatz leitend bleiben müsse, Niemanden in dem Genusse seines Eigenthums,

---

[1] *Es handelt sich um die Provinzialregierungen, die die Spitze der Verwaltung in den preußischen Provinzen bilden. Was man heute als Regierung Preußens bezeichnen würde, heißt in der Zeit Ministerium.*

[2] *Heinrich Friedrich Karl Reichsfreiherr vom und zum Stein wurde 1757 in Nassau geboren und starb 1831 in Cappenberg in Westfalen. Er war preußischer Wirtschafts- und Finanzminister. Nach den Niederlagen Preußens 1806 gegen Frankreich bei Jena und Auerstedt leitete er zusammen mit Karl August Freiherr von Hardenberg ein Reformprogramm ein, mit dem die Rückständigkeit des Landes überwunden werden sollte. Wichtige Punkte waren dabei die Abschaffung der Leibeigenschaft, Gewerbefreiheit und innere Freizügigkeit. Als Inspiration dienten dabei Adam Smith und die Umwälzungen in Frankreich. Auf Druck von Napoleon mußte Freiherr vom Stein ins Exil gehen und wurde ab 1812 Berater des Zaren. Während der Befreiungskriege war er dann Leiter der Zentralverwaltungsbehörde, die die von Napoleon zurückeroberten Gebiete administrierte. Mit dem Wiener Kongreß verlor er an Bedeutung und trat er in den Hintergrund.*

seiner bürgerlichen Gerechtsamen[1] und Freiheit, so lange er in den gesetzlichen Grenzen bleibt, weiter einzuschränken, als es zur Beförderung des allgemeinen Wohls nöthig ist; daß vielmehr einem Jeden innerhalb der allgemeinen gesetzlichen Schranken die möglichst freie Entwicklung und Anwendung seiner Anlagen, Fähigkeiten und Kräfte, in moralischer sowohl als physischer Hinsicht, zu gestatten ist und alle dagegen noch obwaltenden Hindernisse baldmöglichst auf eine legale Weise wegzuräumen seien." Diesem hinsichtlich der Freizügigkeit in Preußen althergebrachten, auch schon 1804 gesetzlich erneuerten Grundsatz entspricht denn im Wesentlichen das preußische Gesetz vom 31. December 1842 über die Aufnahme neu anziehender Personen, „wonach keinem selbstständigen preußischen Unterthanen an dem Orte, wo er eine eigene Wohnung oder ein Unterkommen sich selbst zu verschaffen im Stande ist, der Aufenthalt verweigert oder durch lästige Bedingungen erschwert werden dürfe." Damit steht wiederum das Gesetz über die Verpflichtung zur Armenpflege von demselben Datum in Verbindung, „wonach die Fürsorge für einen Armen, wenn dazu kein Anderer (Verwandter, Dienstherrschaft, Stiftung u. s. w.) verpflichtet und vermögend ist, von derjenigen Gemeinde zu übernehmen sei, in welcher derselbe als Mitglied aufgenommen ist oder Wohnsitz erworben oder nach erlangter Großjährigkeit während der drei letzten Jahre vor dem Zeitpunkt seiner Hülfsbedürftigkeit seinen gewöhnlichen Aufenthalt gehabt hat. Das preußische Ergänzungs-Gesetz vom 21. Mai 1855 be-

---

[1] *Rechte.*

stimmt nur: „wenn sich v o r d e m A b l a u f e i n e s J a h r e s ergebe, daß der neu Anziehende sich in einem solchen Zustande der Verarmung befindet, welcher die öffentliche Unterstützung desselben nothwendig macht, der zur Zeit dieses Ergebnisses zur Fürsorge für ihn verpflichtete frühere Armenverband denselben wieder übernehmen müsse." Danach ist die F r e i z ü g i g k e i t i n n e r h a l b d e s p r e u ß i s c h e n S t a a t s g e - b i e t s , wenigstens g e s e t z l i c h , gewährleistet. Auch war, was die mit ihr zusammenhängenden, ihren Werth bestimmenden Wirkungen betrifft, bereits im Jahre 1810 volle G e w e r b e f r e i h e i t eingeführt, welche durch die Gewerbe-Ordnung vom 17. Februar 1845 einige, [8] hauptsächlich aber durch deren spätere Abän- derungen vom 9. Februar 1849 erhebliche Beschrän- kungen, unter andern dadurch erlitt, daß die Ausübung des Gewerbebetriebes bei einer Anzahl der gewöhnli- chen Gewerbsthätigkeiten von der Prüfung und von einem bestimmten Lehrlings- und Gesellenstadium ab- hängig gemacht, außerdem aber auch gegenseitig abge- grenzt wurde. Die Befugniß zum Erwerbe, wie zur Be- treibung von Gewerben ist dagegen zufolge der revidir- ten Städteordnung vom Jahre 1831 vom politischen Gemeindebürgerrechte vollkommen abgelöst. Danach, wie nach der Gewerbeordnung von 1845 soll die Zulas- sung zum Gewerbebetriebe bei keinem Gewerbe vom Besitze des Bürgerrechts abhängig sein, so wenig wie der Verlust des politischen Gemeindebürgerrechts den Verlust des Gewerbebetriebes rechtfertigen und dessen Untersagung zur Folge haben darf. Dasselbe gilt von der E r w e r b u n g u n d d e m B e s i t z e städtischen und ländlichen G r u n d e i g e n t h u m s . Dazu stellte die neueste Novelle zum Gewerbegesetz vom 22. Juni

1861 die Ausländer den Inländern hinsichtlich des Be-
triebes stehender Gewerbe vollkommen gleich.
Uebereinstimmend mit obigem Grundsatz der Verordnung von 1808 wurde die Gleichberechtigung aller
Stände hinsichtlich des Erwerbes von Grundbesitzungen jeder Art, wie die Theilbarkeit des
Grundeigenthums bereits durch das Gesetz vom
9. October 1807 und das Landkultur-Edikt vom 14.
September 1811 eingeführt. Während dagegen nur das
Verfahren bei der Zertrennung der Grundbesitzungen
durch ein Gesetz vom 3. Januar 1845 geordnet wurde,
ist späterhin durch ein reaktionäres Gesetz von 1853
zwar nicht die freie Theilbarkeit des Grundbesitzes und
die Neuansiedlung auf Trennstücken im
Prinzip angefochten und ausgeschlossen, wohl aber dadurch erheblich erschwert, daß bei Neuansiedlungen
Gemeinde- oder Polizeibehörde Widerspruch einlegen
darf, wenn der Neuansiedelnde nicht ein zur Erwerbung und zum Ausbau hinreichendes Vermögen nachweisen kann. Das allgemein menschliche Recht zur
Eingehung von Ehen und Gründung
von Familien ist dagegen in Preußen, vorbehaltlich elterlicher oder vormundschaftlicher Einwilligung
und hinlänglichen Lebensalters, seit Aufhebung der
Leibeigenschaft und Erbunterthänigkeit an keine Kon-
zessionen und Untersuchungen von Gemeinde- oder
Polizeibehörden geknüpft, auch niemals von Vermö-
gens- oder andern Voraussetzungen abhängig gewesen.
Wenn das zuerst durch die neueste Städteordnung von
1853 und einige spätere Gesetze aus dem Jahre 1856 in
Preußen eingeführte Einzugs- oder Eintrittsgeld mit der älteren und neueren preußischen Gesetzgebung und Gesellschaftsverfassung im Wider-

spruch steht, auf dessen gänzlicher Beseitigung im Interesse der Freizügigkeit gearbeitet wird, so ist dasselbe wenigstens durch das neuere [9] Gesetz vom 14. Mai 1860 sehr erheblich (im Minimum auf 3 Thaler) wiederum herabgesetzt.

Sehr anders und abweichend verhält es sich dagegen mit der die Freizügigkeit und ihre Folgerungen betreffenden G e s e t z g e b u n g in den meisten a n d e r n d e u t s c h e n S t a a t e n, unter anderen besonders in B a i e r n, W ü r t e m b e r g u n d B a d e n, ungeachtet der in den beiden letzteren eingeführten Gewerbefreiheit, ebenso in H a n n o v e r u. s. w.; von M e c k l e n b u r g zu schweigen, wo — trotz der Aufhebung der Leibeigenschaft (1820) — bei unverändert fortbestehender politischer und gesellschaftlicher Feudal- und Zunft-Verfassung, den arbeitenden Klassen jedes menschliche und bürgerliche Freiheitsrecht der oben gedachten Art in Wirklichkeit entzogen ist, wo über 100 000 besitzlose Tagelöhner, Knechte und Mägde der kleinen Zahl von etwa 1 200 bis 1 500 privilegirten Besitzern großentheils geschlossener Rittergüter resp. gutsherrlicher Polizeiobrigkeiten gegenüberstehen und unterworfen sind.

Als ein großes Verdienst der Schrift des Oberregierungsraths Bitzer ist hervorzuheben, daß in einem besondern Abschnitt die Gesetzgebungen der verschiedenen deutschen Länder bezüglich der Freizügigkeit, Ansässigmachung, Verehelichung und aller mit der Freizügigkeit zusammenhängenden, ihren Werth und Erfolg vereitelnden Beschränkungen zusammengestellt sind.

Wilhelm Lette

Der Standpunkt der süddeutschen Gesetzgebung (Baiern's, Würtemberg's, Baden's) hinsichtlich der allgemeinen menschlichen, persönlichen und wirthschaftlichen Grundrechte ist freilich ein sehr verschiedener. Es beruht dies darauf, daß sie vorzugsweise das — wennschon mißverstandene Interesse der Gemeinden, wie der bisherigen Heimatsberechtigten zum Ausgangspunkt haben. Allerdings ist daselbst, wie aber auch in den preußischen Provinzen Rheinland und Westfalen, die Entstehung der politischen Gemeinde aus der uralten deutschen Markengenossenschaft[1] zum großen Theil in dem Vorhandensein von bedeutendem, der gleichzeitigen oder reiheweisen gemeinsamen Benutzung der Gemeindeglieder unterworfenen Bürger- oder Bürgerklassen-Vermögen noch erkennbar, — während Preußens östliche Provinzen vor Jahrhunderten als Kolonisationsland durch deutsche Einwanderer bevölkert sind, daher Gemeindeglieder- und Bürgervermögen auf dem Lande selten vorkommt.

Daß aber das Vorhandensein von Bürgervermögen und das Recht der alten heimatsgehörigen Gemeindeglieder zur Theilnahme am Bürgervermögen und an

---

[1] *Eine Mark- oder Markengenossenschaft war eine frühe Organisationsform, die sich bis in germanische Zeiten zurückverfolgen läßt. Die "Mark", d. h. die Nutzflächen, Flüsse, Wald, usw. waren gemeinsames Eigentum, neben dem es auch privates Eigentum gab, das je nachdem aus dem Gemeineigentum zugelost wurde. Die Genossenschaft hatte ihr eigenes gewohnheitsrechtliches Wirtschafts- und Rechtssystem, und erstreckte sich über mehrere Dörfer und in dünner besiedelten Gegenden Einzelhöfe. Die Mitglieder waren "Märker", bei vollen Rechten „Vollmärker".*

dessen Nutzungen an und für sich noch nicht die Freizügigkeit ausschließt, ist schon oben angedeutet, ebenso
aber auch, daß die Freizügigkeit mit ihren Folgerungen
eine unabweisbare Forderung des modernen, d. h. des
verfassungsmäßigen Rechtsstaats ist. Dies weist nun
auch der Verfasser der in der Ueberschrift angegebenen
Schrift klar und gründlich nach. So wenig [10] die mittelalterlichen, meist auf dem Boden der Freiheit, im Gefolge der Gründung freier, kräftiger und selbstständiger
Gemeindewesen erwachsenen, zur Zeit veralteten und
überlebten Verfassungen und Vorrechte der Zünfte
sich im Interesse des Gewerbes noch heute vertheidi-
gen und festhalten lassen, um so weniger können heutzutage im Rechtsstaate die unnatürlichen, der allgemeinen Wohlfahrt schädlichen persönlichen und
wirthschaftlichen Freiheitsbeschränkungen der Glieder
des Staatsverbandes im vermeintlichen Interesse der
Gemeinden und Heimatsbezirke ferner aufrecht erhalten werden.

Daß übrigens die Beschränkung der Freizügigkeit
nicht auf alter deutscher Rechtsanschauung, auch nicht
im wahren Interesse der Gemeinden beruht, beweist
vielmehr der Vorgang der ältesten deutschen Gemeindewesen der Städte. Denn sie ließen sich meist bei ihrer
ursprünglichen Gründung, sogar durch kaiserliche oder
landesherrliche Privilegien, unter anderen das Recht der
Freizügigkeit für Neuanziehende ausdrücklich verlei-
hen. Im Stadtbezirk durfte selbst der einziehende Leibeigene nicht mehr abgefordert werden; da wurde er ein
Freier.[1] Das war keine der geringsten Ursachen des

---

[1] *Eine häufige Regelung war es, daß ein geflohener Leibeigener*

Aufblühens der wichtigsten freien Gemeinden des Mittelalters. Sie verstanden damals in uralter Zeit ihr wahres Interesse besser, wie viele Staaten der Neuzeit.

So geht (wie Oberregierungs-Rath Bitzer entwickelt) noch heute die würtembergische Gesetzgebung von dem Gedanken eines erblichen Gemeinde-Genossenschafts-Rechtes aus, welches nur durch Geburt, ausdrückliche Aufnahme oder Verleihung erworben und umgekehrt nur durch Auswanderung oder Aufnahme in das Genossenschaftsrecht einer anderen Gemeinde verloren wird. In der Regel hat nur Derjenige, welcher solchergestalt in dem Orte seines Aufenthalts oder Wohnsitzes das Gemeinde-Genossenschafts- oder Heimatsrecht erworben hat und besitzt, einen unbedingten Anspruch darauf, sich daselbst häuslich niederzulassen. „Wenn andere Staatsangehörige in Gemeinden, denen sie mit dem Heimatsrechte nicht angehören, ihren Aufenthalt nehmen, so kann ihnen derselbe jederzeit aus polizeilichen Gründen versagt und wiederum entzogen werden. Zu diesen polizeilichen Gründen gehören unter anderen sogenanntes schlechtes Prädikat und Hülfsbedürftigkeit. Daher tritt denn oft der Fall ein, daß Personen, welche Jahrzehnte, ja ihr Leben lang lebendige Glieder einer Gemeinde sind, der Genossenschaft derselben dennoch nicht angehören, und daß andere, welche ihr Leben außerhalb ihrer Heimatsgemeinde zubringen, ja deren Eltern vielleicht derselben

---

nach Aufenthalt von „einem Jahr und einem Tag" in einer Stadt nicht mehr von seinem Herren zurückgefordert werden konnte. Auf solche Regelungen bezieht sich er Spruch „Stadtluft macht frei".

schon thatsächlich fremd geworden sind, dennoch heimatsberechtigte Mitglieder dieser Gemeinde bleiben, in letzterer aber erst dann wieder ihren Aufenthalt nehmen müssen und zurücktransportirt werden, wenn sie wegen schlechten [11] Lebenswandels nirgends geduldet, oder wenn sie unterstützungsbedürftig geworden sind" (S. 16 und 17). Abgesehen von einem rechtsgültigen Vertrage mit der Gemeinde und der obrigkeitlich ertheilten Erlaubniß zur Verheiratung im Gemeindebezirk, wird in Baiern die Ansässigmachung nicht nur vom guten Leumunde und dem vorschriftsmäßigen Schul- und Religionsunterricht, sondern außerdem auch vom Besitz eines Grundvermögens zu einem bestimmten Steuerertrage oder einer Gewerbe-Konzession, bezüglich Erwerbung einer RealGewerbsberechtigung, oder vom Eintritt in ein öffentliches Amt, oder aber von dem Nachweise eines gesicherten Nahrungsstandes abhängig gemacht, über dessen Zulänglichkeit indeß das Ermessen der Polizei-Obrigkeit, je nach der Gelegenheit, auch je nach der Lust und Tüchtigkeit des Neuanziehenden zur Arbeit, entscheidet. Gleiche Voraussetzungen gehören zur obrigkeitlichen Genehmigung der Eingehung von Ehen und Gründung neuer Familien. Die Pfarrer und anderen Geistlichen, welche ohne eine solche obrigkeitliche Erlaubniß trauen, haften sogar subsidiarisch für den Unterhalt der getrauten Personen.

In Würtemberg bedarf es als Rechtstitel zur Aufnahme in eine andere Gemeinde eines schuldenfreien Vermögens, je nach der Klasse der Gemeinde von 1000, 800 und 600 Gulden und bei der Mitaufnahme von Kindern unter väterlicher Gewalt für jedes Kind ein Zehntel mehr. Desgleichen hängt in Würtemberg die Gestattung der Ehe von dem Nachweise einer ausreichenden Vermögenssumme ab. In allen Fällen darf die Gemeinde, bezüglich Polizeibehörde, die bei ihr nachzusuchende Heirathserlaubniß versagen, wenn das sogenannte Prädikat eines Bürgers und Besitzers in der Art mangelhaft ist, daß zu befürchten sei, derselbe werde von seinem Vermögen oder Erwerbszweige nicht den, seinen und seiner Familie Unterhalt sichernden Gebrauch machen, oder aber es werde ihm an dem hierzu nöthigen Vertrauen im Verkehr mit Anderen fehlen. Dies solle insbesondere bei Jedem angenommen werden, welcher offenkundig als schlechter Haushalter zu betrachten oder wegen gewisser Vergehen oder Verbrechen wenige Jahre zuvor bestraft worden ist.

Weiteres mag man in der oben erwähnten Schrift nachlesen über die vielfachen Beschränkungen und Erschwerungen im Gebrauch derjenigen ursprünglichen menschlichen und bürgerlichen Befugnisse der davon doch vorzugsweise getroffenen vermögenslosen Arbeiterklassen, durch deren Ausübung es erst dem Menschen möglich gemacht wird, Willen und Kraft zu bethätigen, um zu einem seiner würdigen sittlichen Dasein zu gelangen und einen ehrlichen Nahrungserwerb zu begründen. Man wird sich gewiß mit dem Verfasser darin einverstanden erklären, daß der moderne-Staat, der Rechtsstaat, die persönliche [12] bürgerliche Freiheit des Individuums zur Grundlage haben muß, wenn er auf jene Eigenschaft überhaupt Anspruch machen will.

Freizügigkeit, das wichtigste Grundrecht

Die noch so korrekte und ausgeprägte Form eines konstitutionellen Staates ist für die weit überwiegend zahlreichste Klasse der Bevölkerung aller Länder, für die besitz- und vermögenslosen Arbeiter, kein Ersatz des mangelnden Inhalts und Wesens eines Rechtsstaates. Während damit eine Verschiedenheit politischer Rechte, so des aktiven und passiven Wahlrechts und der Vertretung im Gemeinde- und Staatsverbande (wie z. B. in England) vereinbar ist, steht damit unzweifelhaft die Versagung oder Beeinträchtigung der ursprünglichen menschlichen und bürgerlichen Freiheitsrechte, namentlich also der Freizügigkeit, der an sich erlaubten, in allgemeinen Strafgesetzen unverbotenen Arbeits- und Erwerbsbefugniß, der Ansässigmachung, Verehelichung, wie der Erwerbung von Grundeigenthum im direktesten Widerspruch. Diese Verkehrtheit der positiven Gesetzgebung und ein solcher Widerspruch mit den natürlichen und wirthschaftlichen Forderungen und Bedürfnissen hat mit innerer Nothwendigkeit grade das zur unmittelbaren Folge, was sie in ihrer Bevormundung und Besorgniß durch ihre die Freiheit der Menschen beschränkenden Ge- und Verbote zu verhindern bestrebt ist, — Erzeugung von Armuth und Vermehrung der Last der Armenpflege, wie von unsittlichen Verhältnissen, insbesondere also von unehelichen Geburten und Konkubinaten. Dafür liefert in den verschiedenen deutschen Staaten die Statistik den unwiderlegbaren Beweis. Mit dem Grade und Maße der hier und dort bestehenden derartigen Freiheitsbeschränkungen steht unter sonst gleichen sozialen Zuständen Armuth und Unsittlichkeit in gleichem Verhältniß. Je ausgedehnter jene, um so größer diese.[1]

Aus den gesetzlichen Beschränkungen der gedachten Art folgt ebenso mit Nothwendigkeit ein Rechtsanspruch auf Unterstützung im Falle der Verarmung. Die Verweisung der Menschen auf Selbstverantwortlichkeit und Selbsthülfe hat erst dann einen Sinn, sie ist erst dann gerechtfertigt, wenn derartige Beschränkungen ihrer persönlichen und wirthschaftlichen Freiheit, wie die Hindernisse einer freien Bewegung und Benutzung ihrer Kräfte aus dem Wege geräumt sind. Dann erst ist es unbedingt zulässig und gerecht, auch die arbeitenden Klassen für ihre und ihrer Familien Erhaltung und Nahrungsstand selber verantwortlich zu machen, sie auf die eigene Sorge auch für Krankheit und Alter zu verweisen. Persönliche und bürgerliche Freiheit auf der einen und Selbsthülfe und Selbstverantwortlichkeit für Lebensberuf und Lebensschicksal auf der andern Seite, stehen in untrennbarer Wechselbeziehung. [13]

Daher gehörte zu den werthvollsten Grundrechten aller Volksklassen ohne Unterschied, was §. 3 des Reichsgesetzes vom 27. Dezember 1848, betreffend die Grundrechte des deutschen Volkes, bestimmte: daß jeder Deutsche das Recht haben soll, an jedem Orte des Reichsgebietes seinen Aufenthalt und Wohnsitz zu nehmen, Liegenschaften jeder Art zu erwerben und,

---

[1] Vergleiche z. B. die Artikel in der dritten Ausgabe des Welcker-Rotteck'schen Staatslexikons über Agrarverfassung, Ein- und Auswanderung und Freizügigkeit. *[Die beiden letzteren Artikel finden sich im Anhang zu diesem Buch wiedergegeben.]*

darüber zu verfügen, auch jeden Nahrungszweig zu betreiben.[1]

Mit der Aufhebung dieser Grundrechte durch die Bundesversammlung ist freilich vorerst die Aussicht verschwunden, für ganz Deutschland gleichmäßige Bedingungen für den Aufenthalt und Wohnsitz durch ein gemeinsames Heimatsgesetz, ebenso gleichmäßige Bedingungen für die Arbeits- und Gewerbefreiheit durch eine gemeinsame Gewerbeordnung festgestellt zu sehen. Jedoch hat wenigstens die Gesetzgebung über Gewerbefreiheit in einer Mehrzahl deutscher Staaten in neuester Zeit große Fortschritte gemacht, zum Theil einen vollständigen Sieg errungen. Hingegen lastet das trotz der konstitutionellen Staatsformen in vielen deutschen Ländern fortdauernde Staatspolizei- und Bevormundungs-System nach wie vor auf der persönlichen, wirthschaftlichen und bürgerlichen Freiheit, zumal der deutschen Arbeiter.

Dennoch sind, wie es der Verfasser der mehrgedachten Schrift (S. 2) ausspricht, „F r e i h e i t d e r N i e d e r l a s s u n g und des A u f e n t h a l t s, G e w e r b e f r e i h e i t und F r e i z ü g i g k e i t in g a n z D e u t s c h l a n d u n e r l ä ß l i c h e, e n g

---

[1] *Nach fortlaufender Zählung der Verfassung ist dies Abschnitt VI, Artikel I, § 133: „Jeder Deutsche hat das Recht, an jedem Orte des Reichsgebietes seinen Aufenthalt und Wohnsitz zu nehmen, Liegenschaften jeder Art zu erwerben und darüber zu verfügen, jeden Nahrungszweig zu betreiben, das Gemeindebürgerrecht zu gewinnen."*

Wilhelm Lette

verbundene Grundlagen der nationalen
Selbstständigkeit unseres Volkes. Es kann
sich unser Volk erst nach Erlangung dieser Rechte anderen Nationen in Wahrheit als ein Völker-Individuum,
als ein gleich geartetes Ganzes gegenüberstellen. Erst
wenn der Deutsche an keinem Orte Deutschlands ein
Fremdling ist, wenn unsere Nation den Boden, auf dem
sie lebt, in der Weise sich zu eigen gemacht hat, daß
Jeder, der ihr angehört, an jedem Punkte deutschen
Gebietes jene Freiheitsrechte ausüben darf, dann erst ist
sie Selbstherrin des Landes, auf welches die Geschichte
sie gestellt hat." —

In diesem Geiste ist der Schrift ein Gesetzentwurf
beigefügt, der sich in wesentlichen Stücken der p r e u –
ß i s c h e n Gesetzgebung anschließt. Derselbe empfiehlt sich der Beachtung aller Vereine und Männer,
welche die große Bedeutung des Gegenstandes für die
Wohlfahrt der Menschen und unserer Nation zu würdigen wissen und dafür wirken. Nur die §§. 21, 22 und 23
des Entwurfs möchten wir nicht billigen, wonach Jeder,
welcher seinen Aufenthalt und Wohnsitz außerhalb der
Heimatsgemeinde verlegt, an diese letztere nach erlangter Großjährigkeit ein jährliches Rekognitionsgeld[1] zu
entrichten verbunden sein soll. Ein solches Rekognitionsgeld scheint uns ebenso verwerflich, wie das Ein-
zugs- oder Eintrittsgeld, oder wie einst (vor Aufhebung
der [14] Leibeigenschaft und Erbunterthänigkeit) das

---

[1] *Durch Zahlung dieser Gebühr wird die ursprüngliche Gemein-
dezugehörigkeit erhalten, wofür eine Art Versicherungsprämie
anfällt. Man hält sich ja gewissermaßen bereit, den Abgezoge-
nen zurückzunehmen und zu versorgen, falls er verarmt.*

dem Gutsherrn zu entrichtende Schutzgeld von auswärts dienenden oder außerhalb des Guts- und Ortsbezirks Arbeit suchenden Unterthanen. Zur Vermittlung der Rechte und Interessen einerseits des Individuums, andererseits der zur etwa eintretenden Armenunterstützung verpflichteten Gemeinden genügt unseres Erachtens, wenn bezüglich des Eintretens der Unterstützungspflicht auf Seiten der neuen, wie des Aufhörens dieser Pflicht auf Seiten der ursprünglichen, resp. früheren Heimatsgemeinde eine bestimmte Zeit vorgeschrieben wird, sei es, wie der Verfasser vorschlägt, von drei Jahren oder nach dem Vorgange der preußischen Gesetzgebung von e i n e m Jahre.

Nächst der Aufhebung der mehrgedachten Freiheitsbeschränkungen bedarf es, und zwar vorzugsweise für die Arbeiter jeder Berufsart, um sie auf Selbsthülfe und Selbstverantwortlichkeit mit gutem Grunde verweisen zu können; nur der vollen Anerkennung des V e r e i n s r e c h t e s a u f s o z i a l e m G e b i e t e. Alsdann wird auch die nicht minder für die Entlastung der Gemeinden von der Armenpflege und für die Reform des Armenwesens so wichtige Versicherung der vorübergehend oder dauernd schwindenden Arbeitskraft durch Kranken-, Altersversorgungs-, Wittwen-, Pensions- und andere Hülfs-Kassen, gegründet auf das Prinzip der Freiwilligkeit, um so weitere und tiefere Wurzeln im Volk schlagen und aus ihm um so kräftiger herauswachsen. Wird es auch Nothleidende und Bedürftige geben bis an der Welt Ende, für welche die öffentliche Armenpflege in vielen Fällen einzutreten hat, so wird dieselbe doch durch das in obigen Beziehungen wirksame Vereinsrecht zum großen Theile und jedenfalls auf eine der Menschen würdigere, ihr sittliches Bewußtsein erhebende Weise ersetzt werden.

Die neuerdings wiederum erwachte, in den beabsichtigten Arbeiter-Kongressen angekündigte Bewegung hat daher höchst werthvolle, dabei sehr würdige praktische und positive Zwecke, wenn sie, in Uebereinstimmung mit den unerläßlichen Grundlagen jedes Rechtsstaates, die Freizügigkeit, wie die vollständige Erwerbs- und Gewerbefreiheit, sodann möglichst allgemeine freiwillige Einführung gegenseitiger Hülfs- und Unterstützungs-, insbesondere von Altersversorgung-Kassen, auf ihre Fahne geschrieben und als ihre Aufgaben und Ziele bezeichnet hat.

In der Durchführung dieser Aufgaben auf dem Wege der deutschen Gesetzgebung wird dem deutschen Arbeiter theils der Centralverein für das Wohl der arbeitenden Klassen, welcher sich seit Jahren insbesondere mit der Errichtung einer Altersversorgungskasse beschäftigt und eine solche durch Verbindung mit der Kölnischen Lebens-Versicherungsanstalt Concordia (in [15] Berlin)[1] ins Leben gerufen hat, theils der Kongreß deutscher Volkswirthe treu zur Seite stehen. Bereits auf seiner dritten Jahresversammlung zu Köln im September 1860 beschloß dieser Kongreß auf den Vortrag des Verfassers und den Bericht seiner Kommission[2]

---

[1] Siehe Mittheilungen des Centralvereins &c., zweiter Jahrgang, Lieferung 6, 1849, und neue Folge der Mittheilungen Bd. II. H. 1., 1855; desgleichen Zeitschrift des Vereins Bd. III. S. 353 ff.

[2] Siehe Verhandlungen des Kongresses deutscher Volkswirthe, dritte Versammlung in Köln vom 10. bis 14. September 1860. Stenographischer Bericht, Frankfurt a. M. Verlag: Expedition des

1) sich für unbedingte Freizügigkeit in ganz Deutschland auszu-
sprechen

und

2) sich gegen die Ansicht zu erklären, daß dieselbe von den einzelnen Staaten an die Bedingung
der Gegenseitigkeit zu knüpfen
sei."

Berlin, Januar 1863.

"Arbeitsgebers". S. 11, 21, 27. *[Die entsprechenden Passagen des Protokolls sind auch wiedergegeben im Anhang zu dem Buch: Karl Braun: Die Freizügigkeits-Gesetzgebung der Schweiz (Libera Media, 2015).*

ANHANG

FREIZÜGIGKEIT[1]

[700] **Freizügigkeit.** Unter Freizügigkeit versteht man im allgemeinen das den Mitgliedern eines Staatsverbandes zustehende Recht, innerhalb dieses Staatsgebiets Aufenthalt und Wohnung zu wechseln und an einem beliebigen Orte zu nehmen. Insbesondere also begreift sie das Recht zur Veränderung des Geburts- oder bisherigen Heimatsorts und zu dessen Vertauschung mit einem andern Wohnorte. Ausgeschlossen oder suspendirt wird sie durch die Entschließung oder Verstrikkung[2] (confinatio) wie durch Provinzial- oder Ortsver-

---

[1] *Aus: Karl von Rotteck und Karl Welcker (Hrsg.): Das Staats-Lexikon, 3. Auflage, Leipzig, 1861, Seite 700 ff.*

[2] *Als Strafe darf man einen gewissen Ort nicht verlassen (auch*

weisung (relegatio, exilium), als gesetzlich angedrohte und richterlich erkannte Arten der Freiheitsstrafe[1], oder durch Stellung unter Polizeiaussicht mit der Wirkung, daß dem Verurtheilten der Aufenthalt an einzelnen bestimmten Orten von der Landespolizeibehörde untersagt werden kann, als eine auf Grund von Strafgesetzen richterlich auszusprechenden Folge begangener Verbrechen.[2] Ausgenommen von der Erörterung über Freizügigkeit sind auch die im vermeintlichen Interesse der öffentlichen und Privatsicherheit ergangenen Vorschriften über Pässe, Legitimation und Aufenthaltssarten für Reisende, selbst Inländer[3], deren willkürliche Handha-

---

als „Einbannung" bezeichnet).

[1] S. z. B. Feuerbach, Lehrbuch des gemeinen peinlichen Rechts. §. 149.

[2] S. unter anderm §§. 26 u. 27 des Strafgesetzbuchs für die preußischen Staaten vom 14. April 1851, Preußische Gesetzsammlung von 1851, S. 101 fg.).

[3] S. unter anderm die §§. 17 u. 18 des allgemeinen Paßedicts für die preußische Monarchie vom 22. Juni 1817 (Gesetzsammlung, S. 152 fg.), in Verbindung mit §. 14 des preußischen Gesetzes über die Aufnahme neu anziehender Personen vom 31. Dec. 1843 (Gesetzsammlung von 1843, S. 5 fg., Nr. 2317). Die Bestimmungen wegen der Paßpflichtigkeit gewisser Klassen, wie z. B. der Juden, die nicht Staatsbürger waren, sind in Preußen mit der Verfassungsurkunde vom 31. Jan. 1850 außer Kraft getreten, denn alle Preußen sind vor dem Gesetze gleich. Freizügigkeitsbeschränkungen, welche mit dem Verhältniß zur Familie oder Militärpflichtigkeit zusammenhängen, bleiben hier ebenfalls außer Betracht, so erschwerend auch letztere in einigen Staaten einwirken.

bung seitens der [701] Polizei freilich zur Vereitelung der Rechte Staatsangehöriger auf Freizügigkeit und persönliche Freiheit mißbraucht werden kann. Hiervon ganz abgesehen, unterliegt das Recht auf Freizügigkeit, welches dem Gebiet der natürlichen und allgemeinen bürgerlichen Freiheit, im Gegensatz und Unterschied zur politischen, angehört, doch in einzelne deutschen Ländern, hier mehr, dort weniger, mancherlei theils unmittelbaren, theils mittelbaren gesetzlichen Beschränkungen. Gleichwol steht die Freizügigkeit unter denjenigen Befugnissen natürlicher und allgemeiner bürgerlicher Freiheit voran, welche den Staatsangehörigen nicht vorenthalten oder verschränkt sein sollten, ohne sie gleichzeitig von der Selbstverantwortlichkeit für ihre und der Ihrigen Existenz, von der Pflicht und Fürsorge der eigenen Erhaltung des Daseins zu entbinden und frei zu erklären. Sie ist die Vorbedingung zur vollkommenen Anwendung und Verwerthung der einem jeden von Gott verliehenen geistigen und physischen Kräfte und erworbenen Vermögen[1]. Allerdings stehen ihr zur Seite noch andere Grundrechte, deren Anerkennung der Freizügigkeit erst Werth und Bedeutung gibt; so a) das Recht zur Gründung einer Familie durch Verehelichung und eines eigenen selbständigen Hausstandes; b) das der freien Erwerbung von Grundeigenthum nebst der Ansiedelung auf dem erworbenen eigenen Grund und Boden (auch mittels Beseitigung der Theilbarkeits- und Ansiedelungsbeschränkungen; s. die Art. **Agrarverfassung, Dismembration**[2], **Grundvertheilung**); sodann

---

[1] *Fähigkeiten, etwas, was man vermag.*

[2] *Zerstückelung, Aufteilung eines großen Gutes.*

c) das der Freiheit der Arbeit, die unverschränkte Befugniß, sich mittels Hand- oder handwerksmäßiger und sonstiger gewerblicher Thätigkeit zu ernähren (durch Beseitigung von geschlossenen Zünften und vom Concessionswesen wie von gewerblichen Exclusiv- und Realberechtigungen; s. Gewerbefreiheit).

Ist die Freizügigkeit eine wesentlichste Vorbedingung zur Anwendung und Verwerthung der angeborenen und erworbenen geistigen und physischen Kräfte und Vermögen, so muß auch deren unbeschränkte Herstellung als eine höchste und dabei nothwendigste Aufgabe der Regierungen und der Gesetzgebung jedes christlich-germanischen Staatswesens betrachtet werden, dessen Aufgabe keine höhere ist[1], als „den Staatsangehörigen die möglichst freie Entwickelung und Anwendung ihrer Anlagen, Fähigkeiten und Kräfte in moralischer sowol als in physischer Hinsicht zu gewähren und jedes dagegen obwaltende Hindernis möglichst hinwegzuräumen".

Es wird zugegeben werden, „daß die Conservation oder gar die Restauration von Hindernissen solcher Art nicht geeignet ist, bei der großen davon betroffenen Masse Liebe und Anhänglichkeit wie Aufopferungslust für das Vaterland und Achtung vor den Obrigkeiten und Gesetzen zu befördern, ferner, daß so wenig die Volks- wie die Finanzkräfte gestärkt werden, sobald man die befruchtenden Quellen und Wurzeln des Volkswohlstandes, die Arbeitskräfte der Individuen,

---

[1] Wie dies auch §. 34 der preußischen Geschäftsinstruction für die Regierungen vom 26. Dec. 1808 treffend ausspricht.

welche insgesammt die Staatsgesellschaft bilden, in ihrer
Entfaltung hemmt und unterdrückt. Wissenschaft und
praktische Erfahrung haben zu der Ueberzeugung geführt, daß die Population der Länder nicht durch Auswanderungsverbote erzwungen oder sonst durch künstliche Mittel regulirt werden darf und kann. Man unter-
schätzt eher die Bedeutung einer wachsenden Volkszahl
für den Wohlstand. Jedenfalls schämt man sich jetzt,
durch Verbote und Beschränkungen der Auswanderung
der eigenen Gesetzgebung und Verwaltung das Pauperi-
tätszeugniß[1] auszustellen, daß deren Mängel und
Schlechtigkeit größer seien als die Macht der den Menschen tief eingeborenen Anhänglichkeit am heimatli-
chen Boden. Dennoch läßt man Institutionen und Gesetze bestehen, welche die freie Bewegung der Bevölkerungen im Innern der Staaten, die Aus- und Einwanderung von Ort zu Ort verhindern oder erschweren und
die Menschen an den Geburts- oder bisherigen Heimatsorten festhalten. Thatsächlich ist dies nichts anderes als eine veränderte, vielleicht etwas mildere Form
der freilich vor nicht viel länger als einem Menschenal-
ter in Deutschland allgemein aufgehobenen Erbunterthänigkeit und Schollenpflichtigkeit[2]. Während die
Regierungen einerseits, abgesehen von vereinzelten Erscheinungen einseitigster und verkehrtester Be-
schränktheit, den Fortschritt von Agricultur, Gewerben
und Fabrikindustrie, von Bergbau und Hüttenbetrieb
begünstigen, zu deren Entfaltung es doch allerorten, wo

---

[1] *Armutszeugnis.*

[2] *Leibeigene waren "an die Scholle" gebunden, d. h. durften den
Grund und Boden nicht ohne Erlaubnis verlassen.*

sie hervorwachsen, vermehrter Arbeitskräfte bedarf, führt andererseits die Gesetzgebung wie die Staatsform die Gemeindeverwaltung vielfach noch einen unausgesetzten geheimen Krieg gegen jene unerläßlichen Bedingungen eines solchen Aufschwungs und Fortschritts, indem man Hemmnisse und Erschwerungen der Freizügigkeit erhält oder erneuert. [702] Während gleichzeitig mit dem Zurückgehen der Industrie und des Wohlstandes in der einen oder andern Örtlichkeit und Gemeinde auch Nahrungslosigkeit ihrer Mitglieder eintritt, dabei aber mit der Verarmung der letztern die Last der Armenpflege der erstern zunimmt und die Humanität und das Mitgefühl einer immer geringer werdenden Anzahl Wohlhabender dennoch zu immer größern Ausgaben und Anstrengungen herausgefordert, hingegen die Bedürftigen von der sittlichen Selbstverantwortlichkeit und eigenen Hülfe für ihre und der Ihrigen Erhaltung immermehr entbunden werden, beraubt sich die Gesellschaft andererseits durch die Gesetze, welche die Freizügigkeit beschränken, des wirksamsten Gegenmittels, indem sie dadurch die Menschen verhindert, den Ersatz für die versiechten[1] Nahrungsquellen[2] an andern Orten aufzusuchen. Man will die Menschen zu höherer Sittlichkeit emporheben und doch demoralisirt man andererseits durch Beschränkung der Freizügigkeit den Charakter der Staatsangehörigen. Als eine nur konsequente

---

[1] *Wörtlich: erkrankten; im übertragenen Sinne hier: verschlechterten, verkommenen.*

[2] *Einkommensquellen, nicht nur für die Nahrung im heutigen engen Sinne, der Begriff umfaßt in der Zeit alle lebensnotwendigen Bedürfnisse.*

Freizügigkeit

Wirkung der Freizügigkeitsbeschränkungen bürdet der Staat sich und seinen Gemeinden ein Maß von Verpflichtungen auf, das er doch schließlich zu erfüllen außer Stande ist. Statt den Grundsätzen der Gerechtigkeit in Anerkennung des Freizügigkeitsprincips für alle Staatsangehörigen zu huldigen und dadurch allen wirksamer und dauernder zu helfen, schmeichelt dem eiteln menschlichen Herzen die Bezeigung von Frömmigkeit und Humanität. Man wählt lieber an Stelle der Gerechtigkeit das Patrocinium[1] der Wohlthätigkeit, freilich mit der Wirkung einer erweiterten moralischen Beherrschung seiner ärmern Mitmenschen.

Allerdings möchte wol von keiner Seite ein Recht der Angehörigen eines Staatsverbandes auf unbeschränkte Wahl ihres Wohn- und Heimatsorts bestritten werden, sobald es nur keine Armen gäbe und sobald nur alle Menschen die Garantie einer durch sie selbst gesicherten Existenz mitbrächten, sofern nur etwa alle als Rentiers[2] und Kapitalisten[3] von den Früchten eines aufgesparten Vermögens lebten, oder aber auch, wofern die Neuanziehenden als Gewerbtreibende und Arbeiter nicht mit den bisherigen Heimatsangehörigen gleicher Kategorie in Concurrenz träten, oder wenn überall der ganze Staatsverband und nicht, wie in allen Ländern verfassungsmäßig hergebracht ist, ein kleinerer Ab-

---

[1] *Beschützung durch einen Patron.*

[2] *Jemand, der von den Zinsen (Renten) seines Vermögens lebt.*

[3] *Jemand, der von seinem Kapital lebt, ähnlich wie ein Rentier (die marxistische Bedeutungsverschiebung ist heute üblich, aber nicht gemeint).*

schnitt jenes großen Verbandes (die Gemeinde, eine Corporation und Genossenschaft innerhalb derselben, eine Innung[1], u. s. w.) die Verpflegung verarmender Mitbürger zu übernehmen hätte.

Hauptsächlich gründen sich sonach die Beschränkungen der Freizügigkeit auf zwei Motiven: 1) auf die Besorgniß vor künftiger Verarmung Neuanziehender und die Prävention gegen die möglicherweise wachsende Last der den Gemeinde- oder andern Corporationsverbänden und Heimatsbezirken obliegenden Armenverpflegung; 2) auf die Besorgniß vor Beeinträchtigung des Arbeitsgebiets und Nahrungsstandes einzelner oder verschiedener Klassen von Orts- und Bezirksbewohnern (Fabrikanten, Handwerkern, Tagelöhnern) durch neuen Zuzug concurrirender Berufsgenossen ähnlicher Kategorien.

Nun aber wird es (wie schon Christus sagt[2]) Arme geben bis an der Welt Ende. Die weit überwiegende Mehrzahl der Menschen bringt aus den Familien, in denen sie geboren und erzogen werden, kein anderes Vermögen mit als die eigene geistige oder physische Arbeitskraft. Die meisten Menschen sind, nach kaum beendeter nothdürftige Erziehung und Unterweisung, mit ihren Mitteln zur Erhaltung des Daseins wiederum nur auf die Benutzung jener eigenen angeborenen und angebildeten Kräfte angewiesen. Von ihnen arbeitet

---

[1] *Zünfte und Innungen übernahmen gewisse Versicherungs- und Wohltätigkeitsverpflichtungen für ihre Mitglieder.*

[2] *Joh 12,3: „[...] Da sprach Jesus: [...] Denn Arme habt ihr immer bei euch; mich aber habt ihr nicht immer.*

sich immer nur eine verhältnißmäßig geringe Anzahl zu mäßigen Wohlstande, hingegen eine weit kleinere zu einem Vermögen empor, dessen Revenuen[1] die Existenz auch der Nachkommenschaft in arbeitsloser Muße sichern. Auch die Erhaltung eines von den Ahnen in der Continuität der Geschlechter ererbten Familienvemögens setzt Eigenschaften voraus, verlangt Ordnungssinn, Verwaltungsgeschick, selbst Lebensweisheit und Tugend, welche erfahrungsmäßig nicht immer durch Testament oder ab intestato[2] vererbt werden. Täglich gehen große Vermögen durch Verschwendung und Liederlichkeit verloren; ihre Besitzer kommen an den Bettelstab oder ins Armenhaus, abgesehen von unverschuldeter Verarmung durch Unglücksfälle, Krieg, Handelskrisen u. s. w.

Wo die bürgerliche Gesellschaft[3] nicht in Kasten erstarrt oder wo der kastenartige Unterschied ständischer Gliederung einmal verschwunden ist, wird man sich vergeblich bemühen, die Mitglieder der Gesellschaft nach Reichthum und bürgerlicher Stellung ein für allemal zu sondern. Der Begriff des sogenannten Proletariats ist nicht zu fixiren. Versteht man unter Proletariat, nach den aus französisch-socialistischen Theorien und Phrasen hervorgegangenem vielfach auch nach Deutschland übertragenen verkehrten Vorstellungen

---

[1] *Einkünfte.*

[2] *von einem Verstorbenen, der kein Testament gemacht hat.*

[3] *Die Gesellschaft aller Bürger, nicht im marxistischen Sinne die „Bourgeoisie".*

Anhang

über die Natur und Lebensbedingungen der bürgerlichen Gesellschaft, nicht blos diejenigen, denen Kraft, Wille [703] und Lust zur Arbeit wie das Bewußtsein und Streben fehlt, mittels eigener Tätigkeit die Selbstverantwortlichkeit für ihre Existenz zu bewähren, sondern zugleich alle diejenigen, welche darauf angewiesen sind, die Mittel dafür von Tag zu Tag oder von Jahr zu Jahr unter den Wechselfällen und Conjuncturen von Naturereignissen und Weltbewegungen durch geistige oder körperliche Arbeit zu gewinnen, begreift man mithin unter dem Proletariat etwa denjenigen Theil der menschlichen Gesellschaft, welchen man in Frankreich vor der Revolution (auch wiederum neuerlich) die arbeitenden Klassen nannte, oder wol auch (vor 1789), weil zur Arbeit verpflichtet, darum verachtet, den vierten Stand oder das Volk, im Gegensatz zur Aristokratie und Bourgeoisie[1], so gehört noch gegenwärtig, wie in aller Zukunft, die weitaus größere Hälfte der Menschen zum Proletariat.[2] Es dürfte denn aber wol den modernen, auch allerreichsten Staaten unmöglich werden, den in Rom zur Zeit der sinkenden Republik und des Cäsarenthums durch die Natur und die Verhältnisse der damaligen bürgerlichen Gesellschaft erklärten und gerechtfertigten Ruf eines solchen Proletariats: „Panem et

---

[1] A. de Tocqueville, L'ancien régime et la révolution.

[2] *Auch hier hat sich die marxistische Umdeutung des Begriffs (abgeschaut von französischen Sozialisten) durchgesetzt. Wilhelm Lette benutzt den Begriff im folgenden aber im alten römischen Sinne für eine verwahrloste, arbeitslose und ungebundene Unterschicht. Die „proletarii" sind wörtlich diejenigen, die Nachkommen haben können (und sonst nichts zum Staat beitragen).*

Circenses!"[1] zu befriedigen. Dazu bedurfte es in Rom der erpreßten Schätze wie der Arbeitsproducte der ganzen übrigen bekannten Welt. Es galt dort schon als eine erhebliche Reform, daß Cäsar die Nummern[2] der Empfängerliste von unentgeltlichem Brotkorn von 320000 auf 150000 herabsetzte und letztere als Maximalzahl der Freikornstellen[3] fixirte (Mommsen, „Römische Geschichte", III, 486). Jenes römische wie das antike Proletariat überhaupt wäre aber nur[4] die Kehrseite und consequente Wirkung der ebenso wol beim Ackerbau als beim Gewerbe und Fabrikwesen immens wuchernden Sklavenwirthschaft, in deren Concurrenz, bei immer größerer Ausdehnung, die freie Arbeit erlag.

Wie anders steht es heutzutage mit der bürgerlichen Gesellschaft und ihren Elementen! Mittel- und Ausgangspunkt ihrer Erhaltung und des Unterhalts ihrer Glieder beruht in der freien Arbeit. Mit der Aufhebung der Leibeigenschaft, Erbunterthänigkeit und Schollenpflichtigkeit der beim Landbau beschäftigten arbeitenden Klassen, der größern Hälfte der Volkszahl hörten von selbst die ohnehin nicht sonderlich erfüllten, weil unerfüllbaren Verpflichtungen der Gutsherren zur Erhaltung und Ernährung ihrer verarmten hülfsbedürfti-

---

[1] „Brot und Spiele!" (Um die Proletarii bei Laune zu halten.)

[2] Anzahl.

[3] die zum Bezug von kostenlosem Brotkorn Berechtigten.

[4] Abgesehen vom eigenthümlichen innern Entwickelungsgange des römischen Staatswesens und dessen ununterbrochenen zerstörenden Kriegen.

gen Hintersassen[1] auf. Wie in allen andern Gebieten der
volkswirthschaftlichen Thätigkeit, so ist fortan auch
beim Landbau die freie Arbeit Existenzbedingung der
Gesellschaft und der Individuen, aus denen dieselbe
besteht. Daraus folgt aber mit Nothwendigkeit, daß
auch die Freiheit der Arbeit wirklich hergestellt werde.
Alles was diese beschränkt, befördert auch (wie einst
die römische Sklavenwirthschaft) die Erzeugung eines
Proletariats in jenem eigentlichen, dem antiken Sinne.
Denn jede Beschränkung der Arbeitsfreiheit, welche
dem Arbeiter, der sich selbst ernähren will, Gelegenheit
und Mittel hierzu entzieht oder erschwert, entbindet
denselben thatsächlich von der Selbstverantwortlichkeit
und Selbsthülfe und weist ihn dagegen auf die Armenpflege des Staates, beziehungsweise der Gemeinden an.
Kann der Staatsverband, ohne dem Ruin seiner Finanzen und einem verschleierten Communismus[2] zu verfallen, die Armenpflege nicht auf das Staatsbudget übernehmen, sind es mithin größere oder kleinere Gemein-
de- und Heimatsbezirke, denen der Staatsverband die
Armenpflege übertragen hat und belassen muß, so haben diese letztern nur für eine Ungerechtigkeit der Gesetzgebung einzutreten, welche den Gliedern des
Staatsverbandes ihr erstes und natürlichstes Recht auf

---

[1] *Bauern, die von einem Gutsherrn wirtschaftlich oder rechtlich
abhängig waren und "hinter diesem saßen".*

[2] *Wilhelm Lette bezeichnet mit Kommunismus ein System, bei
dem es Gemeineigentum gibt (ganz oder in einem Bereich). Er
meint nicht, daß politische Gruppierungen, die sich Kommuni-
sten nennen (und auch ein derartiges Wirtschaftsform anstre-
ben) die Macht übernehmen.*

den vollen Gebrauch ihres unmittelbarsten Eigenthums, der eigenen Kraft, verschränkt. Sonach hat nur die Armenpflege der Gemeinden in letzter Instanz die Inconsequenz einer Gesetzgebung auszugleichen, welche einerseits dem Arbeiter die persönliche Freiheit und damit die vollkommene Pflicht zur Selbsterhaltung übertrug, ihm hingegen auf der andern Seite das Arbeitsfeld ängstlich und unnatürlich begrenzt, indem sie die wesentlichste Vorbedingung zur Freiheit der Arbeit, die Freizügigkeit, mit vielerlei Schranken und Hindernissen umgab, anstatt vielmehr diese Schranken und Hindernisse sofort gleichzeitig mit der allgemeinen Herstellung der persönlichen Freiheit aller Staatsangehörigen aufzuheben. Das Interesse der Gemeinden und Heimatsbezirke an der Freizügigkeit im großen und ganzen steht sonach mit dem der Individuen nicht im Widerspruch, vielmehr fällt das eine mit dem andern zusammen. Die Concurrenz aber ist unzertrennlich von der gemeinen bürgerlichen Freiheit, ebenso wol auf dem Gebiete körperlicher wie auf dem geistiger Arbeit. Sie ist die Bedingung jedes Fortschritts. Ihre Ausschließung auf [704] dem allgemeinen Arbeitsgebiet würde noch weit weniger gerechtfertigt sein als die unveränderte Fortdauer dem Gesammtwohl widerstreitender Privilegien[1] und Monopole[2] anderer Art.

---

[1] *Vorrechte.*

[2] *Monopole könnten auch Kartelle wie etwa der Zünfte sein, wesentlich ist für Wilhelm Lette hier, daß Konkurrenz ausgeschlossen ist.*

Anhang

Wieweit die Fürsorge für verarmte und dabei wirklich hülfsbedürstige Glieder, der sich die Gesellschaft nicht entziehen kann und darf, auszudehnen sei, ist an diesem Orte nicht zu erörtern. Übrigens aber ist bei der Freizügigkeitsfrage und ihrer Collision mit der Pflicht der Gesellschaft zur Fürsorge für hülfsbedürftige Arme davon auszugehen, daß diese Pflicht soweit sie nicht Sache der Familien oder besonderer Korporationen und Genossenschaften oder Stiftungen u. s. w. ist, den Gemeinden und Heimatsbezirken (in weiterer oder engerer Begrenzung) obliegt und verbleibt.

Das den Befugnissen der einzelnen Gemeinden und Heimatsbezirke zur Ab- oder Ausweisung Neuanziehender, wie ihren Verpflichtungen zur Fürsorge für hülfsbedürftige Arme gegenüberstehende Recht auf Freizügigkeit ist überdies aber auch noch in verschiedenen deutschen Gesetzgebungen nach gewissen Graden und Modalitäten[1] abgestuft, je nachdem der Neuanziehende nur eine mehr oder weniger prekäre[2], vorübergehende und periodische, oder aber, und zwar hier früher, dort später, eine gesicherte, dauernde Heimat am neugewählten Wohnorte gewinnt. Danach sind wiederum auch die Umzugsbedingungen bald mehr, bald weniger erschwert; ingleichen[3] sind mit dem Anzuge bald größere, bald geringere Befugnisse auf Erwerb und Arbeit wie auf sonstige Theilnahme an allgemeinen Vortheilen

---

[1] *Arten.*

[2] *unsicher, schwierig.*

[3] *gleichermaßen.*

46

des neuen Gemeinde- und Heimatsbezirks verbunden, wobei andererseits diese Erwerbs-, Arbeits- und Theilnahmeberechtigungen auch von der Nachweisung und Erfüllung noch besonderer Eigenschaften oder Leistungen abhängig gemacht werden.

Seinem Grade nach betrifft das Freizügigkeitsrecht entweder 1) nur die Gestattung eines mehr oder weniger vorübergehenden Aufenthalts, mit oder ohne Beschränkung auf gewisse Geschäfte und Nahrungszweige; oder 2) die Begründung eines neuen Domicils[1] und zwar a) neben den Pflichten auch mit den (obschon nicht gerade im Rechtswege geltend zu machenden) Ansprüchen eines Heimatsangehörigen, insbesondere auf Verpflegung im Falle der Verarmung und Hülfsbedürftigkeit, b) ohne diese Ansprüche, deshalb unter dem Beding[2] der Zurückweisung an den Geburts- oder frühern Heimatort im Verarmungsfalle, wobei dann die Interessen verschiedener Gemeinden in Conflict kommen; c) dazu je nach den verschiedenen Heimatsgesetzen mit längerer oder kürzerer Frist des Domicils (1 Jahr, 3—10 Jahre), nach welcher die Ausweisung und Zurücksendung des Verarmenden nicht mehr erfolgen darf, demnach das Heimatsrecht am neuen Wohnorte unbedingt fixirt[3] wird, dasselbe sodann also den Anspruch auf Armenpflege in sich begreift.

---

[1] *genehmigter Wohnsitz.*

[2] *Bedingung.*

[3] *fest daran gebunden.*

Anhang

Es leuchtet ein, daß nach Maßgabe dieser Gradationen[1] und Modalitäten das Freizügigkeitsrecht einen größern oder geringem Werth hat.

Das politische Gemeindebürgerrecht mit dem Wahlrecht und der Wählbarkeit zu Gemeindeämtern wie die beim Gewerbe dieses politischen Bürgerrechts vorgeschriebenen Census[2]- und ähnlichen Bestimmungen scheiden aus dem Bereich der Erörterungen über die Freizügigkeitsfrage aus, sofern nicht hier oder dort die Zulässigkeit der Erwerbung von Grundbesitz oder gewisser Arten des Gewerbebetriebe durch den Besitz des (politischen) Bürgerrechts bedingt ist.

Unter der gleichen Voraussetzung bleibt bei der Freizügigkeitsfrage von den verschiedenen hier und dort herkömmlichen[3] directen Abgaben Neuanziehender auch das bei Erwerb des politischen Bürgerrechts (je nach Herkommen oder Gemeindebeschlüssen) zu entrichtende sogenannte Bürger- oder Bürgerrechtsgeld[4] außer Betracht; ingleichen das sogenannte Einkaufsgeld[5], sofern dieses sich auf seine begriffsmäßige

---

[1] *Abstufungen.*

[2] *Anforderung eines gewissen Mindestvermögens.*

[3] *gewohnheitsrechtlichen, traditionellen.*

[4] *Eine Gebühr, die zu bezahlen ist, wenn man von der Gemeinde als Bürger mit allen politischen Rechten (aktives/passives Wahlrecht, usw.) aufgenommen wird.*

[5] *Eine Gebühr dafür, daß man an dem Gemeineigentum der Gemeinde (Allmende) teilnehmen darf, der sogenannten „Realgemeinde", was je nachdem nicht aus dem Gemeindebürger-*

Bestimmung beschränkt. Dasselbe ist dann nur ein Äquivalent für die — freiwillige — Theilnahme an den zur Vertheilung an die einzelnen Gemeindemitglieder kommenden oder sonst von ihnen zu genießenden Nutzungen eines etwa vorhandenen Bürgervermögens [an Wald, Weide, Heide, Torf u. dgl.[1]] Dagegen bleibt von den herkömmlichen oder durch Gemeindebeschlüsse neu einzuführenden direkten Angaben durch welche die Freizügigkeit belastet und erschwert werden kann, jedenfalls das Einzugsgeld[2] übrig, indem dieses (als eine Steuer) für den Erwerb der Gemeindeangehörigkeit im weitern Sinne [705] zu einrichten ist, auch von dessen Zahlung in der Regel sogar die Gestattung der Niederlassung wie des fernern Aufenthalts abhängig gemacht werden kann.

Jedoch ist es freilich keineswegs nur und allein das abschließende Element der Gemeinde- und Heimatsbe-

---

recht folgt.

[1] Vgl. hierüber z. B. folgende preußischen Gesetze: die Declaration vom 26. Juli 1847 (Gesetzsammlung, S. 327); die Städteverordnung für die sechs östlichen Provinzen vom 30. Mai 1853, §. 49, 50, 52, desgl. für die Provinz Westfalen vom 19. März 1856, §. 49 u. 51, sowie für die Rheinprovinz vom 15. Mai 1856, §. 45 u. 46, mit dem neuesten Gesetz vom 14. Mai 1860, betreffend das städtische Einzugs-, Bürgerrechts- und Einkaufsgeld, und §. 3 u. 5 aller oben allegirten *[als Verweise angeführten]* Städteordnungen.

[2] *Gebühr dafür, daß man sich niederläßt, ohne deshalb schon Gemeindebürger zu werden oder sogar an der „Realgemeinde" (dem Gemeineigentum) teilzunehmen.*

zirke mit seinen Präventivmaßregeln[1] gegen die Last der Armenpflege oder gegen eine dem Nahrungsstande[2] seiner Angehörigen drohende gefährliche Concurrenz, ingleichen sind es keineswegs allein directe Hemmnisse und Beschränkungen (Einzugsgelder, bedingtes oder unbedingtes Veto der Gemeindebehörden[3]), wodurch die Freizügigkeit vereitelt oder erschwert wird. Dergleichen Vereitelung oder Erschwerung der Freizügigkeit beruht vielmehr auch noch auf mancherlei indirecten Einschränkungen der persönlichen und allgemeinen bürgerlichen Freiheit, welche die Weisheit der Staatspolizeigesetzgebung[4] und bureaukratische Bevormundung über die Glieder des Staatsverbandes vermeintlich in deren eigenem Interesse oder „dem gemeinen Nutzen zum Besten" erfunden hat und nicht aufgeben will. Diese indirecten Beschränkungen greifen einerseits mit den directern Einschränkungen der Freizügigkeit so ineinander und entscheiden, wie schon oben angedeutet wurde, so sehr über den Werth und Effect des Freizügigkeitsrechts, daß dieses ohne deren gleichzeitige Erwähnung nicht beurtheilt werden kann. Soweit dazu

---

[1] *Maßnahmen, die eine Gefahr vorweg ausschließen sollen.*

[2] *Nahrungsstand im weiten Sinne von „Nahrung" als alle Lebensbedürfnisse umfassend.*

[3] *Ob es eine staatliche Berufungsinstanz gegen Entscheidungen der Gemeinde gibt oder nicht.*

[4] *Das Wort „Polizei" hat die weitere Bedeutung von staatlichen Maßnahmen, ähnlich wie „policy" im Englischen. Insofern ist hier nicht vordringlich an Polizisten, sondern an zwangsweise Regulierungen zu denken.*

insbesondere die Beschränkung der Gewerbefreiheit gehört, verbleibt indeß das Nähere zweckmäßiger einer besondern Ausführung[1]. (S. **Gewerbefreiheit.**) Dasselbe gilt von der Ansiedelung auf Grund und Boden. (S. **Dismembration.**)

In obiger Beziehung ist zunächst der Gesetzgebung einiger deutschen Länder zu erwähnen, wo die Freizügigkeit bisher am meisten eingeschränkt ist, und wo dieselbe überdies selbst dann, wenn sie Anerkennung fände, doch so lange ohne erheblichen Werth bleiben würde, als daselbst mancherlei die allgemeine bürgerliche und Arbeitsfreiheit beschränkende Einrichtungen und Gesetze noch fortbestehen. Freizügigkeits- und andere Freiheitsbeschränkungen greifen hier vielfach einander.

Am schlimmsten steht es mit der Freizügigkeit da, wo sich die eingerosteten Institutionen des mittelalterlichen Feudalstaats erhalten haben, und wo dieselben sogar mit denen des Polizeistaats[2] der folgenden Jahr-

---

[1] Es wird dieserhalb besonders verwiesen auf die Schrift von K. Braun (Präsident der zweiten Kammer der Ständeversammlung des Herzogthums Nassau): Für Gewerbefreiheit und Freizügigkeit durch ganz Deutschland, aus den Verhandlungen der nassauischen Abgeordnetenversammlung Frankfurt a. M. 1860 *[Neuauflage bei Libera Media, 2015, der Herausgeber]*; desgl. auf E. Pickford, Zunftwesen, Gewerbeordnung oder Gewerbefreiheit (Manheim 1860); ferner auf die verschiedenen, den Gegenstand sehr ausführlich behandelnden Schriften des Dr. Böhmert (Redacteur des Bremer Handelsblatt) und dessen Vorträge auf den volkswirthschaftlichen Congressen von 1858 und 1859, wie auf die Verhandlungen dieser Congresse.

[2] *Wie oben: es geht weniger um Polizisten, wie man den Begriff*

hunderte eine enge Verbindung eingegangen sind, ohne daß es einer erleuchteten und energischen fürstlichen Gewalt gelang — wie z. B. den Hohenzollern in Brandenburg-Preußen mit ihrem Wahlspruch daß die Wohlfahrt des Staates und der Unterthanen das höchste Gesetz sei — die kastenartige Gliederung und den herrschenden Einfluß der bevorrechteten Stände durch einen wohlwollenden fürstlichen Absolutismus zu überwinden, welcher sich der untern Volksklassen thatkräftig annahm und sie allmählich im Interesse des Staatsganzen zur bürgerlichen Freiheit und Gleichberechtigung emporhob.

Von der Freizügigkeit kann kaum die Rede sein, wo, wie z. B. in Mecklenburg-Schwerin, Dominialgerichtsbarkeit[1] und Patrimonialpolizei[2] mit allen misbräuchlichen Ausflüssen, unter andern der Consensbefugniß der Gutsherren zur Eheschließung[3], Ansiedelung und Ergreifung eines Domicil wie gewerblicher Nahrung[4],

---

heute verstehen würde, als um umfassende Regulierung durch den Staat („Polizei" im älteren Sinne), die natürlich auch durch Polizisten durchgesetzt werden.

[1] *Große Güter, Patrimonien, hatten für die dort Lebenden eine eigene Gerichtsbarkeit durch einen Patrimonialrichter.*

[2] *Analog: eine eigene Polizei auf einem großen Gut, bzw. im weiteren Sinne die einschlägigen Regulierungen auf dem Gut.*

[3] *Der Gutsherr muß einer Ehe zustimmen, seinen Konsens erteilen.*

[4] *Einkünfte für notwendige Lebensbedürfnisse, nicht allein „Nahrung" im heutigen engen Sinne.*

Freizügigkeit

bezüglich der nicht zu den gutsherrlichen Familien gehörigen Bewohner der ritterschaftlichen[1] oder fiscali-
schen[2] Ortsbezirke fortdauern, wo ungeachtet der (erst
1820 erfolgten) Aufhebung der Leibeigenschaft fast alle
bäuerlichen Besitzungen innerhalb der Territorien der
Rittergutsbesitzer zu den Gutsfeldmarken[3] eingezogen
und verschwunden sind, überdies Fideicommiß[4]-, Lehn-
oder doch Hypothekenverband der Rittergüter der Erwerbung kleinern oder mittlern freien Grundeigenthums entgegensteht, wo endlich ein alter Erbvergleich
von 1755[5], der noch gegenwärtig das Fundament der

---

[1] *Die Ritterschaft umfaßt alle Ritter mit ihren Gütern. „Ritter" ist
hier natürlich nicht mehr im mittelalterlichen Sinne, sondern nur
als Titel aufzufassen.*

[2] *Mit den „fiskalischen" Ortsbezirken werden diejenigen bezeichnet, die dem Staat (im Gegensatz zu den Rittern) unterste-
hen und für dessen Kasse, den Fiskus, bewirtschaftet werden.*

[3] *eine Feldmark ist ein zusammenhängendes Stück Land.*

[4] *Um den Grundbesitz meist adliger Familien zusammenzuhalten, gibt es verschiedene rechtliche Konstruktionen, etwa den
eines „Fideikommisses", einer Art Stiftung, die der gesamten
Familie gehört, aber deren Vermögen nur von einem Mitglied
genutzt werden darf. In Gebieten, wo es großen Grundbesitz
gibt, folgt daraus, daß wenig Land zu erwerben ist und Landarbeiter sich nur schwer mit einem eigenen Hof selbständig machen können.*

[5] *Der Landesgrundgesetzliche Erbvergleich stellte die landesständische Verfassung des mecklenburgischen Staates (Mecklenburg-Schwerin und Mecklenburg-Strelitz, aber nicht Ratzeburg) dar. Er umfaßte 25 Artikel und 530 Paragraphen und
blieb bis 1918 in Kraft (mit kurzer Unterbrechung während der*

staatlichen und socialen Rechtsverhältnisse ist, während er „das landessittliche[1] Eigenthum der Ritter über ihre Leibeigenen und deren Ackerwerk" und damit die willkürliche Gewalt der Rittergutsbesitzer über die Bauerhöfe und deren Besitzer bestätigte, im wesentlichen alle Gewerbsthätigkeit in den Städten und deren geschlossenen Zünften festbannte[2]. Denn es hat auf dem platten Lande (neben dem Fiskus auf den Domänen[3]) nur der Rittergutsbesitzer, meist auch alleiniger Grundeigenthümer der ganzen [706] Ortsfeldmark[4] (beziehungsweise Gemeindeflur) und aller Dorfgebäude, zum Einzug wie zu Familiengründung und Eheschließung die Erlaubniß und Genehmigung zu ertheilen. Eine solche aber ertheilt er dem Knechte und der Magd in der Regel nicht eher, als bis von seinen zur Begegnung der Armenpflege in möglichst beschränkter Zahl vorhandenen Tagelöhnerwohnungen wiederum eine durch Tod oder Auswanderung und sonst leer geworden ist. Dort ist denn die Auswanderung nach Amerika[5] als diejenige

---

Revolution von 1848). Eine regelrechte Verfassung wie andere Staaten in Deutschland hatte Mecklenburg nie.

[1] *nach Sitte des Landes.*

[2] *Der Bann bezieht sich sowohl darauf, daß Gewerbetreibende den eingesessenen keine Konkurrenz machen dürfen, aber auch darauf, daß die Konsumenten nur bei diesen nachfragen dürfen.*

[3] *Domänen sind Güter des Staates.*

[4] *Gebiet eines Ortes oder einer Gemeinde.*

[5] *Siehe im Artikel von Wilhelm Lette „Ein- und Auswanderung" unten darüber genauere Angaben, daß Mecklenburg überdurch-*

Form fast nur übrig geblieben, unter welcher die Guts-
bewohner das Recht der Freizügigkeit thatsächlich un-
verschränkt[1] ausüben können. Im übrigen setzen demselben die Geschlossenheit der großen Grundbesitzungen wie Zünfte und Gewerbsmonopole in den Städten,
verbunden überdies mit gutsherrlicher Gerichtsbarkeit
und Polizei fast unübersteigliche Schranken entgegen.
So ist der Bewohner des platten Landes auch nach
Aufhebung der Leibeigenschaft thatsächlich ein glebae
adscriptus[2], blos mit dem Unterschiede daß er nach
Einziehung der meisten Bauerhöfe zum Gutsareal
nicht einmal mehr die gleich günstige Aussicht auf selbständigen Besitz eines eigenen Herdes und Hausstandes
hat. Und doch fehlt es in Mecklenburg, gerade deshalb,
an Proletariat, Pauperismus[3] und Armenabgaben nicht.
Nicht ganz so schlimm steht es um die Freizügigkeit in
andern deutschen Ländern, wo es keine oder wenig
derartige große, rechtlich oder doch factisch-
geschlossene Güter, daneben wenigstens viele mittlere
und kleinere, ingleichen keine Patrimonialgerichtsbarkeit mehr gibt, wo neuerlich sogar die Gesetzgebung an
die Aufhebung von geschlossenen Zünften und Ge-
werbsmonopolen, von gewerblichen Real- und

---

schnittlich viele Auswanderer nach Amerika stellte.

[1] unbeschränkt.

[2] an den Boden (die Scholle) Gebundener.

[3] strukturelle Massenarmut; wie aus den von Wilhelm Lette zu-
sammengestellten Tatsachen klar wird, handelt es sich nicht,
wie oft behauptet, um die Folgen der Industrialisierung, sondern
um einen vorindustriellen Dauerzustand.

Anhang

Exclusivberechtigungen[1] zu denken begann und einst-
weilen ein immer weiter ausgedehnter polizeiliches
Concesstonssystem auszuhelfen suchte. Immerhin un-
terliegen jedoch die Freizügigkeit und die allgemeine
bürgerliche Freiheit mannichfachen Beschränkungen.

Abgesehen davon, daß in Österreich[2] (wenigstens
bis 1848, vielleicht auch zur Zeit noch?) Art. 16 der
Deutschen Bundesacte vom 8. Juni 1815[3] hinsichtlich
der Gewerbeberechtigungen der sogenannten Akatholi-
ken[4] immer noch nicht ins Leben getreten war, wurde
dort die Ertheilung „des obrigkeitlichen Ehemeldungs-
zettels" vom Nachweise eines bestimmten Erwerbs abhängig gemacht.[5] In Baiern (ausschließlich der Rhein-

---

[1] *Eine Realgewerbeberechtigung ist an eine bestimmte Liegenschaft (etwa ein Gebäude) gebunden. Bei einer Exklusivberech-
tigung können andere ausgeschlossen werden.*

[2] S. über die neue österreichische Gewerbegesetzgebung unter
anderm jedoch Braun, a. a. O., welchem die jüngste Reform der
nassauischen Gewerbegesetzgebung viel zu verdanken hat.

[3] *„Die Verschiedenheit der christlichen Religionen darf in den
Ländern des deutschen Bundes keinen Unterschied in der Wahrnehmung der bürgerlichen und politischen Rechte begründen.
Die Bundesversammlung wird darüber beraten, wie auf eine
möglichst übereinstimmende Weise die bürgerliche Verbesserung der Bekenner des jüdischen Glaubens in Deutschland zu
bewirken sei."*

[4] *Wörtlich: Unkatholik, jeder, der einer anderen Religion oder
Konfession angehört.*

[5] S. hierüber und über das Folgende Schüz, Verehelichungs- und
Übersiedelungsrecht mit besonderer Rücksicht auf Würtemberg

Freizügigkeit

pfalz[1]) verlangt man als Heimats- und Ansässigma-
chungsbedingung, nach Maßgabe von vier verschiedenen Titeln[2], als Landwirth den Besitz eines Grundver-

---

(Tübinger Zeitschrift für die gesammte Staatswissenschaft, Bd.
V, Jahrgang 1848, S. 25 fg., 80 fg.; desgl. Bd. IX, Jahrgang 1853,
S. 187 fg.); auch Roscher, Grundlagen der Nationalökonomie
(1857), §. 175, 205, 258 u. s. w.; Lette, Vertheilung des Grundeigenthums u. s. w. (Berlin 1858), S. 87, 107—116. Nach der
Deutschen Bundesacte vom 8. Juni 1815 (Art. 18) haben "die
verbündeten Fürsten und Freien Städte den Unterthanen der
deutschen Bundesstaaten nur folgende Rechte hierher gehöri-
ger Art zugesichert": a) Grundeigenthum außerhalb des Staates,
den sie bewohnen, zu erwerben und zu besitzen, ohne deshalb
in dem fremden Staate mehrern Abgaben und Lasten unterworfen zu sein, als dessen eigene Unterthanen; b) die Befugniß des
freien Wegziehens aus einem Bundesstaat in den andern, der
sie erweislich zu Unterthanen annehmen will; c) die Freiheit von
aller Nachsteuer (jus detractus, gabella emigrationis), sofern
das Vermögen in einen andern deutschen Bundesstaat
übergeht. Im Genuß der bürgerlichen und politischen Rechte
sollte aber die Verschiedenheit der christlichen Religionspartei-
en keinen Unterschied begründen.

[1] *Das linke Rheinufer wurde 1794 von französischen Truppen
besetzt, 1797 annektiert und in den französischen Staat einge-
gliedert. Nach der Niederlage Napoleons fiel die Pfalz als Teil
davon (mit gewissen Gebieten im heutigen Saarland) 1815 zunächst an Österreich, wurde 1816 dann an Bayern abgetreten.
Im Gegensatz zum eigentlich Bayern („Altbayern") blieben gewisse Element der französischen Zeit erhalten, etwa die Gliederung des Landes und auch die relativ freie Gesetzgebung mit
Freizügigkeit und Gewerbefreiheit.*

[2] *Gesetz vom 1. Juli 1834. [Titel im Sinne von Bedingungen.]*

mögens von einem bestimmten Werthe, sogar im eigenen Geburtsort von mindestens 1 Fl.[1] Steuersimplum[2] (etwa 1200 Fl. Werth), hingegen bei einem auswärtigen aus andern Gemeindebezirken Anziehenden zum Werthe von 1 ½ Fl. Steuersimplum (circa 1800 Fl. Grundstückswerth) und von einem (auch deutschen[3]) Ausländer, wenn wir recht unterrichtet sind, zu 2 Fl., Steuersimplum (2400 Fl. Grundstückswerth), als Gewerbtreibender unter anderm eine Gewerbsconcession oder den Besitz eines realen oder radicirten[4] Gewerbes, sogar als bloßer Arbeiter den Nachweis eines durch Lohnverdienst oder sonstiges Einkommen gesicherten Nahrungsstandes. Während bei jenen Titeln die Staatsbehörde über einen Widerspruch der Gemeinden entscheidet, haben letztere beim vierten Titel ein absolutes Veto[5], das sie nicht selten ausüben sollen. In Concurrenzfällen haben gediente Soldaten oder funfzehnjähri-

---

[1] *Gulden, die übliche Währung im Süden Deutschlands (im Norden: Taler).*

[2] *Einfacher Steuerbetrag als Referenz.*

[3] *Die deutschen Staaten des Deutschen Bundes sehen die Bürger anderer deutscher Staaten als Ausländer an und behandeln sie im Wesentlichen wie Ausländer von außerhalb des Deutschen Bundes.*

[4] *Ein reales Gewerbe ist an eine Liegenschaft gebunden. Bei einem „radizierten" Gewerbe ist der Anspruch ins Grundbuch eingetragen.*

[5] *Es gibt also keine Möglichkeit, sich an eine höhere Behörde zur Überprüfung zu wenden.*

Freizügigkeit

ge[1] Dienstboten den Vorzug. Ähnliche Bedingungen gelten für den Einzug in Stadtgemeinden. In Würtemberg soll ein zum selbständigen Betriebe der Landwirthschaft persönlich befähigter Staatsbürger bei seiner Übersiedelung in eine andere Gemeinde je nach deren Größe 1000, 800 oder 600 Fl. besitzen. Daselbst [707] wurde ferner aufs neue die Verheirathung vom Nachweise eines genügenden Nahrungsstandes und der nach den persönlichen und örtlichen Verhältnissen verschiedenen Zulänglichkeit des Vermögens abhängig gemacht.[2] Es wird von einem heirathslustigen Paare der Nachweis einer Vermögenssumme von 150 Fl. und in Gemeinden erster und zweiter Klasse von wenigstens 200 Fl. verlangt.[3] In Baden ist die Neuansiedelung und Verheirathung ebenfalls vom Nachweise des Nahrungsstandes wie eines gewissen Vermögens abhängig und letzteres für die Übersiedelung und Ansiedelung von Ausländern höher, auch je nach der Art und Bevölkerung der Städte und Ortschaften verschieden bestimmt.[4] Vielerlei directe und indirecte Hemmnisse der

---

[1] *„funfzehn" ist in der Zeit eine seltener Variante zu „fünfzehn". Gemeint ist hier nicht das Lebensalter, sondern die Länge der Dienstzeit.*

[2] S. Revidirtes würtembergisches Bürgerrechtsgesetz vom 4. Dec. 1833.

[3] S. Verehelichungsgesetz vom 5. Mai 1852.

[4] S. über Obiges auch die Tübinger Zeitschrift, Bd. IX, Jahrgang 1853, Heft 1 u. 2, S. 187—189. Ingleichen wird über diese ganze Materie auf den Aufsatz des Verfassers: Über Freiheit der Arbeit und die allgemeinen natürlichen und bürgerlichen Freiheiten des Arbeiterstandes, insbesondere die Freizügigkeit, in Bd. I,

Anhang

Freizügigkeit wie der bürgerlichen Freiheit gelten im Kurfürstenthum Hessen, wo deshalb seit Jahren Wohlstand und Bevölkerung immermehr zurückgehen. Ein Mann, der sich verheirathen will, muß durch eine vom Gemeinderat ausgestellte Bescheinigung nachweisen, daß er im Stande sei, eine Familie zu ernähren, ferner, daß er Bürger oder Beisitzer[1] in einer inländischen Gemeinde geworden, sodann die Zahlung eines Einzugsgeldes für die Braut, wenn dieselbe bisher einer andern Gemeinde angehörte, weiter, sofern er sich durch Betreibung eines zünftigen Gewerbes zu ernähren beabsichtigt, die Eigenschaft als Meister und die Entrichtung der schuldigen Zunftgelder, bei einigen Gewerben aber (namentlich der Maurer, Dachdecker, Steinhauer, Weißbinder[2], Lohgerber[3], Zimmerleute, Wollentuchmacher, Tuchbereiter), bei deren Betrieb auch den Gesellen zu heirathen erlaubt ist, daß er gehörig gewandert hat.[4] Die Gemeindeangehörigkeit gewährt in Kurhessen

---

Heft 1, S. 49 fg. der Zeitschrift des Centralvereins in Preußen für das Wohl der arbeitenden Klassen hingewiesen.

[1] *Beisitzer sind Bewohner, die keine Bürgerrechte haben.*

[2] *Ein Weißbinder ist eine Art Küfer, der Fässer und Eimer aus Holz herstellt, in diesem Fall aus Tannen-, Kiefern- oder Lärchenholz (im Gegensatz zu Schwarz- oder Rotbindern, die mit Eichen- oder Buchenholz arbeiten).*

[3] *Ein Lohgerber ist ein spezieller Gerber, der aus Rinderhäuten Leder für Schuhe oder Sattel herstellt.*

[4] Die Thatsachen sind dem sehr vollständigen Bericht eines Landeskundigen entnommen. S. darüber kurhessischen Verordnung vom 22. Dec. 1823; Gesetz vom 1. Dec. 1853, §. 1; Ver-

nur das Recht, in der Gemeinde zu wohnen und die örtlichen Anstalten zu benutzen. Hingegen muß, wer ein selbständiges Geschäft betreiben, einen eigenen Haushalt führen oder sich verheirathen will, entweder Ortsbürger oder Beisitzer einer Gemeinde werden, wovon nur Hof- und Staatsdiener eine Ausnahme machen[1]. Erklärlich ist der Erwerb dieser Gemeindemitgliedschaft seitens eines Ortsfremden, je nachdem derselbe Bürger oder nur Beisitzer werden will oder behufs[2] Betreibung gewisser Geschäfte das erstere werden muß, noch mehr erschwert. Abgesehen vom Bürgerrecht und dessen Bedingungen: „Besitz eines Wohn-

___

ordnungen vom 28. Dec. 1829, §. 28, und vom 18. Aug. 1828; Verordnung vom 4. Jan. 1832, ingleichen vom 29. Sept. und 5. Oct. 1848 u. s. w.

Bei der Freizügigkeitsfrage kommen übrigens diejenigen Nachweise und Bedingungen nicht in Betracht, welche sich auf Familienverhältnisse beziehen (Consens von Ältern oder Vormündern, Alter, Auseinandersetzung mit Kindern erster Ehe u. s. w.), desgleichen nicht diejenigen, welche die Militärpflicht betreffen, so erschwerend letztere auch oft sind.

[Die angesprochene Wanderung ist eine Pflicht. Es geht einerseits darum, daß die Handwerker sich Kenntnisse in anderen Gegenden erwerben, aber auch darum, sie zuhause zeitweise als Konkurrenz auszuschalten, den Zugang zu den Handwerken zu erschweren und so das Angebot zu verknappen. Der Herausgeber.]

[1] *Das ist eine übliche Regelung: die Staatsbeamten haben Freizügigkeit im ganzen Staatsgebiet, weil sie gewissermaßen über den Gemeinden stehen.*

[2] *zum Zwecke.*

hauses, oder Betrieb der Landwirthschaft auf eigenen Grundstücken oder eines zünftigen, resp. unzünftigen[1] Gewerbes und Besitz eines verschieden abgestuften Vermögens oder Einkommens", worüber beim Widerspruche der Gemeinde eine Behörde zu befinden hat[2], hängt die Aufnahme eines der Gemeinde bisher nicht Angehörigen als Beisitzer lediglich von der Zustimmung der Gemeindebehörde ab. Ein als Beisitzer aufzunehmender Ortsfremder muß außer seiner unbescholtenen Aufführung die Fähigkeit nachweisen, eine Familie zu ernähren, sowie den Besitz eines schuldenfreien Vermögens, ausschließlich der Kleidungsstücke und des Hausgeräths, im Betrage von 1000 Thlrn.[3] in Kassel u. s. w., abgestuft bis auf 100 Thlr. in den kleinern Landgemeinden unter 1000 Seelen (bei Ausländern, auch Deutschen, zum doppelten Betrage). Davon kann unter besondern Umständen dispensirt[4] werden. Bezüglich des Gewerbebetriebe verleiht aber die solchergestalt erwirkte Ausnahme eines Nichtangehörigen oder Ortsfremden in die Gemeindemitgliedschaft nur erst die Befugniß zur Ausübung der sogenannten freien Gewerbe. Hingegen muß derselbe zur Ausübung eines zünftigen Gewerbes zuvor noch das Meisterrecht, zum Betriebe eines concessionspflichtigen die Concession erlangen. Beim unselbständigen Gewerbebetriebe un-

---

[1] *Gewerbe im Rahmen einer Zunft, bzw. nicht.*

[2] *In diesem Fall gibt es also eine Berufungsinstanz.*

[3] *Thlrn. = Thalern (die übliche Währung in Norddeutschland).*

[4] *entbunden werden.*

verheiratheter Gesellen genügt freilich eine gewöhnliche Legitimation. Dieselben erwerben aber auch keinen dauernden Aufenthalt, vielmehr hängt ihre Ausweisung vom Ermessen der Polizei-[708]-behörde ab. Hingegen bedürfen diejenigen Gesellen, welche verheirathet sind und einen eigenen Haushalt führen, einer besondern nur auf Grund eines Heimatscheins ertheilten polizeilichen Erlaubniß. Überdies sind sie „als Orts- oder Schutzgenossen" meist (herkömmlich oder statutarisch[1]) noch zur Zahlung eines besondern Schutzgeldes an die Gemeindekasse (Permissionsabgabe) verpflichtet. Neben allen diesen Bedingungen gehen, abgesehen von hergebrachten standes-, grund- und gerichtsherrlichen Abgaben für die Aufnahme in den Gemeindeverband, auch noch direkte Abgaben zur Gemeindekasse an Einzugs-, Bürger- und nach Befinden Einkaufsgeld her[2].

Obige beispielsweise angeführte Bestimmungen aus verschiedenen deutschen Gesetzgebungen über die mancherlei Beschränkungen der Freizügigkeit und der damit zusammenhängenden natürlichen und allgemeinen bürgerlichen Rechte, denen nicht mehr und nicht weniger an Pflichten gegenübersteht als die von der sittlichen (gewiß auch christlichen) Selbstverantwortlichkeit gebotene Verpflichtung jedes Individuums zur Fürsorge und Selbsterhaltung des eigenen Daseins wie des

---

[1] *Entweder gewohnheitsrechtlich als Tradition oder durch ein bestimmtes Statut.*

[2] *Gebühren für Niederlassung (Einzugsgeld), Aufnahme in die Bürgergemeinde (Bürgergeld) oder Mitbenutzung der Allmende (Einkaufsgeld).*

Lebens seiner Familienangehörigen, genügen zum Einblick in die vielfachen Hindernisse und Beschwerden, welche der Deutsche, gleichwol Angehöriger und Unterthan eines deutschen Staates, innerhalb des eigenen engern Heimatslandes auf seiner Lebensbahn zu überwinden hat, bevor es ihm gelingt, sogar am eigenen Geburts- und Heimats-, noch vielmehr aber in einem andern, wenngleich benachbarten Wohnort und Heimatsbezirk (und nun gar erst in einem andern deutschen Staatsgebiete) denjenigen Wirthschafts- und Nahrungsstand zu begründen, der seinen Kräften, Talenten und erworbenen Geschicklichkeit entspricht und für den, als den ihm angemessensten, er sich berufen fühlt. Wie sauer wird es sonach in Deutschland den Menschen gemacht, ihren und der Ihrigen Lebensunterhalt zu gewinnen, wie erschwert man ihnen die Mittel und Wege, um zu einem sittlichen[1], rechtlichen und menschenwürdigen Dasein zu gelangen!

Dennoch garantirt weder der Staatsverband noch der Gemeinde- oder Heimatsbezirk (wie es doch folgerichtigerweise bei einem legalisirten Socialismus[2] oder Polizeistaatssysteme der Fall sein müßte) den Individuen die Mittel und Gelegenheiten zum Brotverdienen und Lebensunterhalt. Die Bevormundung greift hier

---

[1] *moralischen (die Wortbedeutung ist heute verengt).*

[2] *Wilhelm Lette bezeichnet mit Sozialismus ein System der Staatswirtschaft (Kommunismus wäre der Aspekt, daß es Gemeineigentum ist, was bei Staatswirtschaft nicht der Fall sein muß). Die Verwendung ist in der Zeit üblich, wird aber durch marxistische Uminterpretationen heute überlagert.*

nicht, wie nach dem Systeme der Socialisten[1] und wie im alten Polizeistaate mit seiner Pflicht zur Fürsorge für Hintersassen und Unterthanen, positiv, sondern nur negativ, abwehrend und unterdrückend ein. Der Staatsverband und an seiner Stelle die Gemeinde tritt erst dann mit naturgemäß kümmerlichen Gaben zur Fristung des Lebens ein, wenn bei Hülflosigkeit und Verarmung die Nothwendigkeit vorliegt, das eigene Gewissen vor dem Vorwurfe zu bewahren, daß man seine Mitmenschen wider die Gebote der Religion und Menschlichkeit verhungern lasse.

Es ist daher begreiflich, daß die zahlreiche Auswanderung deutscher Bevölkerungen mit der Menge und Mannichfaltigkeit jener Hindernisse der Freizügigkeit, beziehungsweise jener Erschwerungen des Daseins und der Arbeit in den verschiedenen Staaten Hand in Hand gebt und fast im gleichen Verhältnis steigt und fällt. (S. **Ein- und Auswanderung**.[2]) Weder die den deutschen Geist und Charakter verletzenden Brutalitäten der demokratischen Prosklavereigesellschaft in Nordamerika[3]

---

[1] *Wilhelm Lette könnte etwa an Ferdinand Lassalle denken, der gerade in die Öffentlichkeit drängt. Aber vermutlich sind hier eher französische Sozialisten wie Louis Blanc, Charles Fourier oder Henri de Saint Simon gemeint (in marxistischer Klassifikation „utopische Sozialisten").*

[2] *Siehe weiter unten im zweiten Teil des Anhangs zu diesem Buch.*

[3] *Im Jahr der Veröffentlichung beginnt der Amerikanische Bürgerkrieg (bis 1865). Wilhelm Lette meint hier wohl noch die gesamten Vereinigten Staaten, die zwar demokratisch verfaßt sind, aber, für deutsche Liberale abstoßend, gleichzeitig die*

noch der politische Despotismus im Nachbarlande[1] schrecken von der Auswanderung dahin ab, weil sowol hier als dort den bürgerlichen Freiheiten und der Vorbedingung zu deren Benutzung, der Freizügigkeit, ein weites, durch keine ähnlichen Hindernisse und Schranken, wie sie zumeist noch in deutschen Ländern bestehen, versperrtes Feld geöffnet ist. Dort sind Arbeit und Erwerb wie jede gewerbliche Thätigkeit, ingleichen die Verehelichung und Gründung eines eigenen Hausstandes, die Aufsuchung neuer und besserer Nahrungsquellen durch den Wechsel des Wohnorts von polizeilichen Controlen und Vexationen[2] gleichviel ob der Staats- oder der Gemeindebehörde, befreit. Dort treibt der Deutsche, der im deutschen Vaterlande selbst, sobald er sich im noch so nahen Nachbarstaate ansiedeln will, als Ausländer behandelt und doppelten Beschränkungen unterworfen wird, unbehindert in großer Gebiete jedes an sich erlaubte bürgerliche Geschäft nach Beruf und Gefallen. Man betrachtet und behandelt nicht schon sofort den strebsamen jungen Ankömmling als Proletarier unter dem engherzigen misgünstigen Gesichtspunkte eines künftigen Armenhauscandidaten[3]

Sklaverei dulden.

[1] *Das Nachbarland ist Frankreich und der Despot ist Kaiser Napoleon III., der politische Freiheiten unterdrückt und den Deutschen auch durch seine außenpolitische Abenteuerlust suspekt ist.*

[2] *Belästigungen.*

[3] *Wer arbeitsfähig ist, sich und seine Familie nicht versorgen kann, muß je nachdem in ein „Armenhaus" mit zwangsweiser Arbeit. Diese soll ihn finanzieren und gleichzeitig abschrecken.*

Freizügigkeit

oder eines gefährlichen Concurrenten auf dem Arbeitsmarkte.[1]

Und doch ist im Bereiche des Deutschen Zollvereins den Producten deutscher Arbeit ein freier Austausch und Spielraum gewährt, während dagegen die producirenden Kräfte, die Arbeiter, beim Wechsel von Wohn- und Heimatsort überall auf Zollschranken stoßen, bei deren Ueberschreitung von ihnen, sei es durch Einzugsgelder, sei es durch Abgaben und Lasten [709] anderer Art, wie einst im Mittelalter von den Juden, als kaiserlichen Kammerknechten[2], Leibzölle[3] gefordert werden und zu entrichten sind. Hier beklagt man die wachsende Unsittlichkeit in Rücksicht auf eine ganz unverhältnißmäßige Zahl außerehelicher Geburten

---

Trotzdem wird als Einwand gegen Freizügigkeit eine Art „Sozialtourismus" (in heutiger Terminologie) befürchtet.

[1] *Auch dieses Argument gegen Freizügigkeit ist uns heute vertraut: Einwanderer werden die Inländer durch ihre Billigkonkurrenz und ihren ungestümen Fleiß verarmen. Wie Karl Braun in seinen „Studien über Freizügigkeit" von 1863 (Neuausgabe bei Libera Media) spöttisch bemerkt, heben sich die beiden letzten Argumente gegenseitig auf, weil es etwa schwer zu verstehen ist, wie Zuwanderer sowohl ins Armenhaus drängen als auch mit enormem Fleiß konkurrieren können.*

[2] *Die Kammerknechtschaft bezeichnete den Status der Juden ab dem 12. Jahrhundert. Sie waren unmittelbarer "Besitz" des römisch–deutschen Kaisers.*

[3] *Eine Art Schutzgeld, das die Juden im Mittelalter beim Überqueren von Grenzen zu entrichten hatten.*

Anhang

(Mecklenburg, Baiern)[1], ignorirt aber, daß (wie es jetzt
häufig in Mecklenburg vorkommt) Knechte und Mägde
erst übers Meer wandern müssen, um drüben dem sittlichen Gefühle der Treue und der Vaterliebe durch
Verwandelung der Gewissensehe in eine bürgerlich gül-
tige gerecht zu werden, um in der Fremde ihren Con-
cubinenkindern[2] rechtmäßige Ältern zu geben und das
Mädchen, die „Gemahlin" (wie sie in Mecklenburg genannt wird[3]), vor den Strafen der außerehelichen Geburt zu schützen, dergleichen die Gesetze des Landes
auf diese androhen[4], man meint beinahe in Verhöhnung
des mächtigsten Naturgesetzes, auf welchem die Fort-
pflanzung des Menschengeschlechts beruht, da doch
andererseits die Eingehung einer rechtmäßigen Ehe in
so hohem Grade erschwert wird. Hier beklagt man die
steigende Auswanderung und verschränkt den strebsamen Kräften Bewegung und Arbeit. Hier klagt man
über Übervölkerung und bezeichnet dabei die Dismembration von Grund und Boden als Ursache von
Noth und Verarmung, scheint indeß zu übersehen,

---

[1] *Dort sind etwa ein Fünftel bis ein Viertel der Kinder unehelich,
vgl. den Artikel zu „Ein- und Auswanderung" von Wilhelm Lette
weiter unten im Anhang dieses Buches.*

[2] *Uneheliche Kinder, die im „Concubinat" (Zusammenleben ohne
Trauschein) geboren worden sind.*

[3] *In Anführungsstrichen, weil sie de facto die Gemahlin ist, aber
nicht rechtlich.*

[4] *Die Mutter eines unehelichen Kindes muß eine „Hurenbuße" an
die Armenkasse entrichten, siehe den Artikel über „Ein- und
Auswanderung" im Anhang dieses Buches.*

Freizügigkeit

„daß daselbst erst nur der kleinere Theil des Ackerlandes Steuerfreiheiten genießt"[1], insbesondere aber, daß es an der vollen Gewerbefreiheit fehlt, welche der Bevölkerung eine freie Bewegung und den unbeschränkten Übergang von der Landwirthschaft zum Gewerbe gestattet, welche es daher möglich macht, die Nachwirkung der Ungunst anderer Verhältnisse (z. B. von Miswachs[2]) auf dem einen Gebiete der volkswirthschaftlichen Thätigkeit auf einem andern wenigstens allmählich auszugleichen (Würtemberg).

Wie aber wird es erklärt, daß vorzugsweise diejenigen deutschen Staaten, welche sich 1806 dem Rheinbunde[3] anschlossen und damals alsbald von Frankreich dessen straffe Bureaukratie und Centralisation entlehnten, nicht auch schon damals gleichzeitig die oben besprochenen großen Grundsätze der bürgerlichen Freiheit von dort mit übernahmen; noch mehr, daß diese letztern auch dann noch nicht anerkannt wurden, als dieselben deutschen Staaten, und zwar am frühesten in Deutschland, zur politischen Freiheit und constitutionellen Verfassungsform übergingen. Und doch gehört

---

[1] Vgl. den Entwurf eines Landesculturgesetzes u. s. w. für Würtemberg im amtlichen Auftrage von der würtembergischen Centralstelle für Landwirthschaft (1855) und Erläuterung dazu, S. 1 u. a. a. O.

[2] *Mißernte.*

[3] *Unter dem Druck von Napoleon traten am 12. Juli 1806 sechzehn Staaten aus dem Heiligen Römischen Reich Deutscher Nation aus und bildeten die Konföderation des Rheinbundes. Als "Protektor" fungierte der französische Kaiser.*

die volle bürgerliche Freiheit (des Erwerbes, der Niederlassung und Ansiedelung wie der Verehelichung) zu den wesentlichsten Grundlagen und Elementen des Rechtsstaats, zu dessen Verwirklichung die constitutionelle Staatsform bestimmt ist. Man darf es ohne Felonie[1] gegen diese das Jahrhundert beherrschende Staatsform aussprechen, daß sie für den größern Theil des Volks einen untergeordneten Werth hat, sobald sie ihm nicht gleichzeitig den Mitgenuß derjenigen allgemeinen bürgerlichen Rechte und Freiheiten zuführt und sichert, durch welche erst allen gesunden Gliedern des Staatsverbandes ohne Ausnahme die Quellen gleichmäßig der sittlichen wie der wirthschaftlichen Wohlfahrt vollständig eröffnet werden, wodurch namentlich die productive Arbeit und der Erwerb von Eigenthum, die Gründung einer Familie wie eines selbständigen Hausstandes jedem möglich wird.

Ist der Vollbesitz der ebengenannten allgemeinen bürgerlichen Befugnisse unbedenklich eine nothwendige Voraussetzung zur vollkommenen geistigen und physischen Erziehung wie zur Veredelung des Menschen und zur vollen Ausbildung der ihm verliehenen Eigenschaften und Kräfte, letztere aber sein wichtigstes und unmittelbarstes Eigenthum, so wird man keiner Gesetzgebung ein Recht zugestehen können, ihn in deren an sich erlaubter Anwendung und Benutzung zu beschränken. Am wenigsten dürfte das eine Gesetzgebung unternehmen, welche auf der constitutionellen Staatsform, mithin auf der Voraussetzung des Rechts-

---

[1] *Wörtlich: schwerer Verrat eines Lehnsmannes, hier im übertragenen Sinne.*

staats beruht. Sie würde mit der Aufgabe des staatsgesellschaftlichen Verbandes, jedenfalls eines christlichen,
in Widerspruch treten. Wissenschaft und Erfahrung
haben aber auch überzeugend erwiesen, daß die von der
Verwaltung unternommene Direction[1] und Bevormundung der volkswirthschaftlichen Thätigkeiten wie des
Berufs und Lebens der Individuen, insbesondere also
auch die Bestimmung darüber, „ob Arbeiter sich hier
oder dort nähren, ob sie eine Familie unterhalten können oder nicht, ob deren Concurrenz gleichwie die Einrichtung dieser oder jener neuen Gewerbe- und Indu-
strieanlagen dem Gemeinwesen schädlich oder nützlich
sei" u. s. w., in der Regel nur dazu geführt hat, das
Volksleben zu verkrüppeln oder doch in seiner naturgemäßen gesunden Entwickelung zu stören und aufzu-
halten, somit nur zu oft zum Gegentheil dessen, was
man bona fide[2] beabsichtigte.

Abgesehen aber selbst hiervon, so widerstreitet es
denn doch jedem nicht von staatspoli-[710]-zeilichen[3]
oder socialistischen Idealen umnebelten Rechtsbewußt-
sein und ist unvereinbar mit dem Rechts- und Ehrge-
fühl eines Mannes, daß dem an und für sich sehr arbi-
trären[4] Ermessen von einzelnen Behörden und Beam-

---

[1] *Leitung.*

[2] *in gutem Glauben.*

[3] *Gemeint ist eine Ausrichtung, bei der Staat durch seine „Polizei" (Regulierungen) in allen Bereichen das Leben zu dirigieren
versucht.*

[4] *willkürlichen.*

ten, welches über die Concessionirung oder Versagung von Aufenthalt und Domicil, von Begründung einer eigenen Familie, Wirthschaft und Haushaltung, von selbständiger Gewerbsbeschäftigung und Niederlassung befindet, die Existenzbedingungen wie das Geschick selbständiger und selbstverantwortlicher freier Menschen in die Hand gelegt sind, und daß diese deren Urtheil über ihre ganze Persönlichkeit und ihre tüchtigern oder untüchtigern Eigenschaften, über Fleiß, Talent, Geschick und Kräfte zur Selbsterhaltung unterworfen sind. Es ist bei den weiten, schwankenden Grenzen, innerhalb deren sich dergleichen Untersuchungen und Entscheidungen von Polizei- und Gemeindebehörden, gleichwol über die wichtigsten äußern und innern Lebensverhältnisse der Individuen, nothwendig bewegen, und bei der Collision von Interessen verschiedener Art nur zu erklärlich, daß dabei nicht selten Willkür und Chicane, auch wol Motive der höhern Staatspolizei gegen religiös oder politisch unliebsame, sogenannte verdächtige und bescholtene Leute, ferner Engherzigkeit, Misgunst oder Vetterschaft[1] ihr Spiel treiben und sich geltend machen.[2]

Freizügigkeit und Freiheit der Arbeit — es muß wiederholt werden — sind untrennbare Correlate[3]. Die erstere hat ohne die letztere wenig Werth. Wiederum

---

[1] *Vetternwirtschaft.*

[2] S. darüber auch Schüz, a. a. O., S. 45; Roscher, S. 523; Rau, Grundsätze der Volkswirthschaftspolitik, II, 25 fg.

[3] *Etwas, das korreliert, d. h. einer anderen Sache entspricht.*

aber erwuchs das allgemeine Recht auf Freiheit der Arbeit in dem Momente, wo mit Aufhebung der Leibeigenschaft und Erbunterthänigkeit — dieser jüngsten Frucht christlicher Civilisation und Weltbildung — die persönliche Freiheit aller Glieder des bürgerlichen Verbandes allgemein ausgesprochen wurde und ins Leben trat. Es ist jenes Recht nur die unabweisliche Consequenz dieser persönlichen Freiheit, wie von derselben wiederum die Selbstverantwortlichkeit der Individuen für ihre Existenz und damit deren bürgerliche Selbständigkeit untrennbar ist.

Sobald die Gesetzgebung die mittelalterlichen Beschränkungen der persönlichen Freiheit aufhob, sobald diese letztere durch die Staatsverfassung allen Mitgliedern des gesellschaftlichen Verbandes garantirt wurde, durfte denselben auch die Freizügigkeit nebst der Arbeitsfreiheit (überhaupt der vollkommenen bürgerlichen Freiheit) nicht versagt bleiben. Man übertrug ihnen einerseits die mit der persönlichen Freiheit und Selbständigkeit verbundene Pflicht der Selbsterhaltung, enthielt ihnen dagegen andererseits die Mittel zur Erfüllung dieser Pflicht vor. In dieser Inkonsequenz und Halbheit der Gesetzgebung hatte die Bewegung des Jahres 1848 unter den sogenannten arbeitenden Klassen in vielen deutschen Ländern ihren vielleicht unbewußten, aber tiefsten und innersten Hintergrund. Es gibt keine andere für die Dauer ausreichende und erfolgreichere, conservativere Präventivpolitik, als die gleiche gesetzliche Sicherstellung der vollen bürgerlichen Freiheit für alle Staatsangehörigen ohne Ausnahme.

Sind erst die Freizügigkeit und die Arbeitsfreiheit vollständig durchgeführt, so wird es an der Zeit sein,

Anhang

die Principien der Armenpflege, ihre Ausdehnung und ihre Grenzen zu untersuchen und an eine gründlichere Reform derselben heranzutreten[1], demnach insbesondere darüber zu entscheiden, ob nicht die Armenpflege (in Berücksichtigung des mit der Freizügigkeit und Freiheit der Arbeit vollständig eintretenden Princips der Selbstverantwortlichkeit und volkswirthschaftlichen Selbständigkeit der Individuen) lediglich auf solche Arme zu beschränken sei, welche durch Alter, körperliche Gebrechen oder unabwendbare Unglücksfalle sich selbst zu helfen außer Stande sind. Dann erst wird die Staatsgesellschaft von der Mitschuld an der Verarmung ihrer arbeitsfähigen Mitglieder sich vollständig freisprechen dürfen.

Auch in Preußen, auf dessen liberale und dabei traditionelle Freizügigkeitsgesetzgebung noch weiter unten zurückzukommen ist, war die Lehre „von der Umkehr der Wissenschaft"[2] auf die Beeinträchtigung auch der

---

[1] Von einigen Seiten ist die Hülfe in der eigenen Assecuranz *[Versicherung]* der Menschen gegen die Armenpflege vorgeschlagen, z. B. in dem zwangsweisen Einkauf in Altersversorgungsklassen, wovon die Gestattung einer Übersiedelung abhängig zu machen sei. Die zweckmäßigen Einrichtungen dieser und ähnlicher Art schon bei vielen einzelnen Fabriken können zu einer Beschränkung der Freizügigkeit führen, wenn die durch Einkauf und Beiträge erworbenen Rechte bei Übersiedelung in andere Orte oder Arbeitsstätten verloren gehen.

[2] *Der Vordenker der Konservativen, Friedrich Julius Stahl (1802-1861), verlangte, die Wissenschaft solle umkehren, und zwar zum Glauben. Für Wilhelm Lette erscheint das als das allgemeine Motto der Reaktionspolitik in den 1850ern.*

übrigen bürgerlichen Freiheitsrechte nicht ohne allen
Einfluß geblieben, wie 1849 bezüglich der Gewerbefreiheit[1] und 1853 bezüglich der mit Dismembrationen
verbundenen Ansiedelungen, so hinsichtlich der Freizügigkeit durch Einführung eines Einzugsgeldes, wenigstens in den Städten, von dessen Entrichtung die
Niederlassung in der [711] Gemeinde abhängig gemacht
werden durfte.[2] Der Regierungsentwurf eines das Ein-
zugs- wie das Bürgerrechts- und Einkaufsgeld betreffenden Gesetzes (welches vom Landtage genehmigt
und unterm 14. Mai 1860 publicirt[3] ist) bezweckt eine
bedeutende Herabsetzung des Einzugsgeldes nebst Bestimmung eines Maximums für dasselbe (in Stadtgemeinden von weniger als 2500 Einwohnern zum Betrage von höchstens 3 Thlrn., von 2500—10000 Einwohnern von 6 Thlrn., von 10—50000 Einwohnern von 10
Thlrn., von mehr als 50000 Einwohnen, von 15 Thlrn.
und für Berlin von 20 Thlrn.) und bestimmt überdies
erheblichere Erleichterungen und Befreiungen. Im wesentlichen ist in Preußen jedoch dies städtische Einzugsgeld, dessen Einführung von Gemeindebeschlüssen abhängt, die einzige gesetzliche Belastung und Erschwerung der Freizügigkeit, und man mag das Gesetz
von 1860 als den Uebergang zur gänzlichen Wiederauf-
hebung dieser Abgabe betrachten, welche freilich unge-

---

[1] *Die seit den Stein-Hardenbergschen Reformen vom Anfang des
Jahrhunderts recht weitgehend in Preußen gegolten hatte.*

[2] Vgl. §. 52 der Städteordnung vom 30. Mai 1853 und die Städteordnungen für Westfalen und die Rheinprovinz von 1856.

[3] *veröffentlicht, als Gesetz bekannt gemacht.*

achtet ihres kurzen Bestehens (seit 1853) für die Finanzen der Städte bei dem überall fortschreitenden Anwachsen der städtischen Bevölkerungen eine nicht unerhebliche Bedeutung erlangt, deren gänzliche Wiederabschaffung daher manche Stadtbehörde gegen sich hat.

Von Interesse aber ist die Thatsache, daß in der preußischen Landesvertretung[1], insbesondere im Abgeordnetenhause, wie in der Mehrzahl der Petitionen, ganz besonders aus den industriereichsten Gegenden der preußischen Rheinprovinz, anerkannt wurde, daß auch ein solches Einzugsgeld einerseits zwecklos, andererseits zugleich für die Industrie und Agricultur von den nachtheiligsten Wirkungen sei.

Denn (so argumentirte in Preußen sowol die Regierung selbst, wie auch die Volksvertretung jetzt in wesentlicher Uebereinstimmung nach langer Erfahrung einerseits über die Wirkungen der Freizügigkeit, andererseits ihrer Beschränkungen seit 1853) jede derartige Belastung, wie das Einzugsgeld, trifft und besteuert vorzugsweise, ja fast ausschließlich die ärmern Volksklassen. Sie schmälert dem Neuansiedler die Mittel zur Einrichtung einer neuen Wirthschaft, Erwerbung des Handwerkszeugs u. s. w. in dem Moment, wo er derselben am meisten bedarf, oder nöthigt ihn zu Schulden, die am neubegründeten Nahrungsstande zehren. Sie

---

[1] *Es gibt zwei Kammern, das Herrenhaus und das Abgeordnetenhaus, von denen das erstere durch Ernennung, das letztere durch Wahl zustandekommt. Beide Häuser müssen einem Gesetz zustimmen.*

verhindert die arbeitende Volksklasse, ihren Erwerb und Lebensunterhalt da zu suchen, wo er sich am besten findet. Sie drückt dieselbe dagegen mehr oder weniger zu glebae adscriptis[1] an den bisherigen Heimatsorten herab. Am nachtheiligsten wirkt sie dann, wenn sich von den Orten Kapitalien und Industrieunternehmungen, die nothwendigen Bedingungen für Arbeit und Ernährung der Arbeiterfamilien, fortziehen. Und doch kann und will man die Bewegung des Kapitals, der Industrie wie der Landescultur[2] nicht beschränken und örtlich fixiren. Infolge dessen werden die am bisherigen Wohnorte erwerblos gewordenen Arbeiter durch die Erschwerung der Freizügigkeit zur Verarmung hingedrängt und — was man durch die Präventivmaßregel eines Einzugsgeldes zu verhindern gedachte — vielmehr in Candidaten der Armenpflege verwandelt. Dies mithin gerade durch die vermeintlichen Schutzmittel gegen die Ausbreitung der Verarmung und gegen die Last der Armenpflege. So wächst, statt beiden entgegenzuwirken, im Gegentheil diese Last, zwar vorerst nur in den bisherigen Heimatsgemeinden; offenbar aber vertheuert auch jede Erschwerung und Abgabe den Arbeitslohn und hemmt den Aufschwung der Industrie wie der Agricultur an den Orten, an welchen infolge eines solchen Aufschwungs eine größere Zahl von Arbeitern gebraucht wird. Solchergestalt trifft und schädigt die Besteuerung Neuanziehender den fortschreitenden Wohlstand des Landes an seiner Quelle und

---

[1] *An die Scholle Gebundene (hier im korrekten lateinischen Dativ).*

[2] *Gemeint ist die Landwirtschaft.*

Wurzel. Ist es zwar häufig, wie vor Jahrhunderten, so noch gegenwärtig[1], in ärmern und starkbevölkerten Gegenden hergebrachte Sitte, daß die rüstigen[2] Arbeiter ihren Verdienst während der Sommer- und Arbeitsperioden in weiterer Ferne suchen und zum Winter mit dem erübrigten[3] Verdienst in ihre gleichwol zu eng gewordene Heimat wieder zurückkehren, so ist ein solcher Zustand in der Bewegung der Arbeiterbevölkerung doch ein weit weniger wünschenswerther und gedeihlicher, dies in Rücksicht sowol für die materielle Wohlfahrt wie für die Erhaltung des sittlichen Bandes der Familien. In vielen Gegenden, wo Fabrikindustrie, Bergbau und Hüttenbetrieb emporblühen, werden deshalb, um jenen Zuständen entgegenzutreten und den außerhalb wohnenden Arbeitern die Zeit des täglichen oder wöchentlichen Zu- und Abgehens[4] zur Arbeitsstätte wie die Mehrkosten eines von der Familie getrennten Lebens zu ersparen, von den Fabrikunter-[712]-nehmern Arbeiterwohnungen erbaut und dadurch die Arbeiter in der Nähe der Arbeitsstätte angesiedelt[5], wie dies z. B. schon lange und besonders seit Ablösung der

---

[1] Vgl. z. B. Justus Möser's Patriotische Phantasien (1842), I, 176, und Roscher, Die Grundlagen der Nationalökonomie, S. 339 fg.

[2] *In der Bedeutung: kräftig, kraftvoll (heute mit sehr verengtem Gebrauch).*

[3] *angesparten, zur Seite gelegten.*

[4] *Hin- und Rückweg.*

[5] S. den Bericht Mittermaier's, Die Fabriken im Großherzogthum Baden, im Congrès international de bienfaisance, II, 222 fg.

Freizügigkeit

Frondienste[1] auf den größern Gütern der östlichen Provinzen Preußens im Interesse der Agricultur wie der Landbauarbeiter üblich ist. Wenn auch die beschränkende Maßregel der Freizügigkeit (wie in Preußen das Einzugsgeld) nur auf Stadtgemeinden anwendbar ist, so belastet und erschwert sie unter Umständen doch auch unmittelbar die Agricultur, z. B. da wo auf städtischen Feldmarken[2] innerhalb des Stadtbezirks infolge der Separationen[3] und der damit verbundenen Abbauten[4] größere und kleinere Landgüter mit Tagelöhnern, verheiratheten Knechten, Schäfern u. s. w. entstanden sind. Ganz vorzugsweise aber ist die unbeschränkte Freizügigkeit in den Fabrikdistricten ein dringendes Bedürfniß für die Arbeiterbevölkerung wie für die Fabrikation selbst. Jede Erschwerung wie die Besteuerung derselben durch Einzugsgeld und sonst ist daselbst für den Arbeiterstand um so gemeinschädlicher, als derselbe, wenn er bei der Veränderung oder Schließung von Industrieanstalten oder beim Fortziehen der Kapitalien erwerblos geworden und deshalb genöthigt ist, seinen bisherigen Heimatsort aufzugeben, in der Regel schon nicht mehr die Mittel besitzt, das Einzugsgeld in einer neuen Gemeinde zu entrichten, wo sich ihm gleichwol wiederum zum bessern Fortkommen für sich und die

---

[1] *Arbeitsleistungen, die Leibeigene zu erbringen hatten.*

[2] *Zusammenhängende Flächen, die landwirtschaftlich genutzt werden.*

[3] *Aufteilung von Gemeineigentum.*

[4] *Anlegen von neuen Wirtschaften auf den Parzellen von größeren Gütern.*

Seinigen ausreichende Gelegenheit darbieten. Daher wird jede derartige Erschwerung und Abgabe bei der Wohnungsveränderung auch so widerwillig getragen und ist meist schwer beizutreiben. So gesellt sich denn zu dem Unvermögen die Erbitterung der ärmern Volksklassen, welche in Fällen einer nothwendigen Übersiedelung an andere Orte die vorzugsweise nur sie treffende Ungerechtigkeit der Beschränkung und Abgabe doppelt empfinden. Die Abgabe ist eine Kapitalsteuer im schlimmsten Sinne des Worts, indem sie das productivste Vermögen, die Arbeitskraft des Volkes, besteuert. Sie hat überdies etwas Entwürdigendes für die Menschen. Denn indem man dadurch ein Präventiv- und Schutzmittel gegen die Armenpflege schaffen und nach der gemeinen gebräuchlichen Vorstellung „dem Zuzuge des Proletariats wehren will", erklärt man im voraus jeden an einen andern Ort übersiedelnden Menschen, der nicht vom Grundbesitz, von Kapitalrenten[1] oder von einem größern gesicherten Gewerbebetriebe leben kann, für einen Candidaten der Armenpflege oder Proletarier, während (insbesondere auch in Preußen) vielfache Erfahrungen darthun, daß reiche und dabei durch Intelligenz und gemeinnützige Wirksamkeit ausgezeichnete Grundbesitzer und Fabrikunternehmer aus dem unvermögenden Arbeiterstande hervorgegangen sind, ingleichen, daß viele Gemeinden der allein durch die freie Bewegung der Bevölkerung möglichen lebendigen Regeneration und Vermehrung ihrer Einwohner Blüte und Wohlstand verdanken.

---

[1] *Zinsen auf Kapital.*

Freizügigkeit

Das Einzugsgeld wie jede nicht bis zum Verbot ausgedehnte Beschränkung der Freizügigkeit erfüllt aber auch thatsächlich den Zweck der Abhaltung des sogenannten Proletariats nicht. Es kommt unter anderm in Betracht, daß diese Abgabe in größern Städten, verglichen mit der durch Mahl[1]- und Schlachtsteuer noch erhöhten Theuerung der Lebensmittel, wie mit den theuren Wohnungsmiethen, nur ein sehr untergeordnetes Moment bildet. Trotz dieser weit mehr ins Gewicht fallenden Erschwerungen des Familienlebens in größern Städten ist dennoch überall die Einwohnerzahl der Städte, besonders der größern, in einem verhältnißmäßig viel raschern und bedeutendern Wachsthum begriffen als die des platten Landes.[2] Der Zuzug aber wird durch ganz andere, das Gewicht der Erschwerung durch Einzugsgeld u. s. w. weit aufwiegende innere Gesetze des Entwickelungsgangs der bürgerlichen Gesellschaft bedingt. So mancher mit eigenthümlichem Talent und Geschick ausgerüstete Mensch muß auf dem Lande und in kleinen Städten verkümmern und verhungern, weil er daselbst für seine Talente und Geschicklichkeit keinen Markt findet, wie er ihm dagegen in den größern Mittelpunkten des Verkehrs und einer wohlhabenden Einwohnerschaft in erwünschtem Maße geboten wird. Es ist durchaus nicht zu erweisen gewesen, daß die Besteuerung Neuanziehender dem Zuzuge selbst solcher Personen, insbesondere nach den Städten, entgegengewirkt hat, welche be-

---

[1] *Steuer, die von Mühlen, also effektiv auf Mehl erhoben wird.*

[2] Schubert im Archiv für Landeskunde (1866), Bd. IV, Heft 4, S. 258; Statistische Tabellen, V, 1053 fg.

reits auf der Schwelle der Armuth sich befanden. Überdies ist es eine nicht so selten vorkommende Thatsache, daß Gutsbesitzer und Gemeinden ihre an der Schwelle der Verarmung befindlichen Einwohner in die Städte entlassen und, um ihnen den Eintritt in diese neuen Gemeinden zu öffnen, für dieselben das Einzugsgeld [713] und sogar für die nächste Zeit die Wohnungsmiethe entrichten. Die Erfahrung seit 1853 bewies auch für die Stadt Berlin, daß deren hohes Einzugsgeld (im Betrage von 30 Thlrn.[1]) keinen Einfluß auf Verminderung der Armenpflege gehabt hat. Es beruht auf einem großen wirthschaftlichen Gesetz, daß da, wo Arbeitskräfte gebraucht und gut belohnt werden, dieselben hinziehen. Sie sind ein nothwendiges Element an denjenigen Orten, an welchen Agricultur, Gewerbs- oder Bergbauindustrie neu entsteht oder sich ausdehnt. Fehlen sie hier, oder werden sie durch Freizügigkeitsbeschränkungen wie Einzugsgelder u. dgl., zurückgehalten, so müssen sie, soweit die von den Unternehmern erwarteten Vortheile überwiegen, in demselbe Verhältniß theurer bezahlt werden, um sie heranzuziehen. Lediglich wegen des Bedürfnisses von Arbeitskräften in Veranlassung der wachsenden Bergbau- und Hüttenindustrie wuchs in einzelnen Gegenden Preußens, seit der Volkszählung von 1865 bis zu der von 1868, innerhalb dreier Jahre, die Bevölkerung, z. B. im Kreise Beuthen[2] von 106000

---

[1] *Ein Arbeiter würde vielleicht 200 bis 300 Taler im Jahr verdienen, womit das in der Größenordnung eines Monatsgehalts liegt.*

[2] *Stadt im oberschlesischen Kohlenrevier, heute: Bytom.*

auf 134800, in den Kreisen Rybnik[1] und Pleß[2] von 124000 auf 134600, in den Kreisen Essen und Duisburg von 140000 auf 168000, im Kreise Dortmund von 69800 auf 82500.

So lauteten die um der langen Erfahrung willen im preußischen Staate beachtenswerthen Argumentationen in und außer der Landesvertretung für volle Freizügigkeit. Auch aus andern deutschen Ländern ist die Wahrnehmung bezeugt, „daß das gesetzlich mehr oder weniger sanktionirte Isolirungssystem der Gemeinden überall, wo eine strenge Praxis von dem Rechte vollen Gebrauch machte, die Anhäufung der Armen und die Steigerung der Armenlasten an einzelnen Orten, große Ungleichheit der Arbeitslöhne in den nächsten Districten und anstatt Wachsthum und Blüte vielfach ein Stagniren in denjenigen Gemeinden zur Folge gehabt hat, welche den Zufluß neuer physischer und geistiger Kräfte von außen mit engherziger Selbstsucht von sich abhielten"; sodann schon früher in der badischen Kammer: „daß die jetzt blühenden Geschlechter der Gemeinden, die zahlreichen und wohlhabenden Familien, die Mitglieder der Gemeinderäthe meist Einwanderer seien, daß sich hauptsächlich aus letztern das Geschlecht der Städte verjünge, und daß sogar bei der Rekrutenstellung in den bei Aufnahme von Bürgern nachsichtigen Städten in der Regel ein Drittel, oft die Hälfte mehr tauglicher Mannschaft sich fand, als gefordert wurde, während in denjenigen, wo die gegentheilige

---

[1] *Stadt in Schlesien mit Kohlebergbau.*

[2] *Stadt in Oberschlesien, heute: Pszczyna.*

Praxis bestand, oft die ganze Zahl tauglicher Männer zur Gestellung der Contingente nicht hinreichte."[1]

Wie schwierig aber scheint es doch der deutschen Gesetzgebung wie den Männern der Verwaltung — doppelt vielleicht bei dem Widerstand der Gemeinden, die nach deutscher Charakterweise öfter ihre corporative[2] Selbständigkeit mit der möglichsten Abschließung nach außen verwechseln und ihre Finanzen mit dem Verlust der Einnahmen von Einzugs-, Schutz- und ähnlichen Gemeindesteuern gefährdet halten — die einfachen, von der Logik der neuern Gesellschaftsentwickelung wie von der Gerechtigkeit gebotenen Principien der allgemeinen bürgerlichen Freiheit im Leben und Organismus des Staates zu verwirklichen, während dies z. B. in England und Frankreich längst geschehen ist, wo man die Früchte dieser bürgerlichen Freiheit in einem auf der enormen Leistungsfähigkeit des Volkes beruhenden, fast unerschöpflichen Reichthum erntet. Noch glaubt man hier und da in Deutschland, daß damit die Staatsgesellschaft in Anarchie und Auflösung zerfallen werde. Man bringt aus dem Kirchthurmshorizont dieses oder jenes Territoriums oder Gemeindebezirks viele Beispiele und Einwürfe bei, um darzuthun, daß die Staaten wie die Gemeinden infolge der allgemeinen Freizügigkeit mit „Lumpengesindel und Proletariat" überschwemmt, daher durch die Last der Armenpflege erdrückt werden würden. Man sollte fast meinen, daß nur in Deutschland die Menschen, welche

---

[1] Schüz, Tübinger Zeitschrift, Jahrgang 1848, S. 61 fg.

[2] *Zu einer Korporation gehörig, hier der Gemeinde.*

ihren Wohnort verändern oder einen neuen Hausstand gründen wollen, meist aus Bettlern und Vagabunden beständen und zur Masse der gemeingefährlichen Individuen gehörten, während doch die Erfahrung zeigt, daß bei der den Menschen innewohnende mächtigen Liebe zum Heimatslande wie zum Geburtsort die weitaus überwiegende Mehrheit nicht ohne dringende Noth und Veranlassung ihre bisherige Heimat aufgibt.

Möchten die Beispiele von einzelnen mit der Freizügigkeit verknüpften Übeln noch zahlreicher sein, wir sagen mit dem alten Justus Möser (a. a. O.): „daß darunter die große Staatsrechnung nicht leidet, daß ein Baum, von dem viele wurmstichige Äpfel fallen, insgemein[1] fruchtbarer ist als ein anderer, unter welchem keiner liegt, und daß, wer blos auf die Erde und nicht in die Höhe sieht, leicht unrichtig urtheilen und nicht erkennen wird, daß jener Baum mehr Früchte hat als dieser." Wieviel „beständige Polizeiordnungen", wie es schon vor Jahrhunderten im-[714]-mer hieß, „dem gemeinen Nutzen zum Besten"[2], sind nicht in alter und neuer Zeit beantragt und erlassen zur Beschränkung der natürlichen und allgemeinen bürgerlichen Freiheit, bald um eine größere Zahl neuer Ansiedelungen und Wohnungen, oder von Heirathen und Ehen oder von Gewerbtreibenden und Meistern, bald um neue Industrie- und Gewerbsanlagen zu verhindern oder zu beschränken, bald um Tage- und Dienstbotenlöhne oder Fleisch-, Brot- und andere Preise herabzusetzen und zu

---

[1] *im Allgemeinen.*

[2] Möser, a. a. O.

fixiren, bald sogar, um die Kleidertrachten wie das Maß von Speisen und Getränken der verschiedenen Gesellschaftsklassen nach ständischer Gliederung zu regeln. Immer noch hat man nach längerer oder kürzerer Zeit erkannt, daß dergleichen Eingriffe in die allgemeine bürgerliche Freiheit durch Staatspolizeigesetze solcher Art dem gemeinen Besten nicht zum Nutzen, sondern zum Schaden gereichten, und es wenigstens gefühlt, daß alle volkswirthschaftlichen Thätigkeiten auf einen einigen sich gegenseitig bedingenden Organismus zurückgehen, der nur auf dem Boden der Freiheit gedeihlich hervorwächst.

Weil die Freizügigkeit mit ihrem Correlat, der Arbeitsfreiheit, hier und da für Gemeinden oder Individuen einzelne Uebelstände im Gefolge hat, auch gemisbraucht werden kann, darf man noch nicht sie selbst verwerfen und verleugnen, so wenig wie man die Freiheit des Erwerbs von Grundeigenthum und Vermögen nebst der freien Verfügung darüber verwerfen und alle Menschen unter Curatel[1] von Staats- oder Gemeindebeamten stellen kann, weil einzelne ihr Eigenthum und Vermögen zum Nachtheil anderer anwendeten oder verschwendeten, so wenig wie man die politische oder die Preßfreiheit wegen möglicher Misbräuche und Uebertretungen, so wenig wie man das Princip der sittlichen Freiheit und Selbstverantwortlichkeit verwerfen darf, diese Basis sowol aller Strafe wie der Pflicht zur Selbsterhaltung, weil einzelne unsittlich und unverantwortlich handelten.

---

[1] *Aufsicht.*

Freizügigkeit

Von diesen allgemeinen Betrachtungen gehen wir zu einzelnen bei der Freizügigkeitsgesetzgebung einflußreichen Fragen über, deren Erörterung sich angemessen an die preußische und königlich sächsische Gesetzgebung anknüpft.

In Preußen ist das Princip der Freizügigkeit ein uraltes, weil mit der Bildung dieses Staates verwachsenes. (Vgl. den Art. **Ein- und Auswanderung**.) In der Mark Brandenburg durfte im frühern Mittelalter selbst noch der Laßbauer[1] sein Gut nach Gestellung[2] eines Gewährsmanns verlassen und an andere Orte, auch in die Städte verziehen. Bezüglich der Bewohner des platten Landes wurde diese Freizügigkeit allgemein erst durch die mit und nach dem Dreißigjährigen Kriege überall geltend gewordene Erbunterthänigkeit und Schollenpflichtigkeit aufgehoben. Abgesehen von den Wirkungen dieser Erbunterthänigkeit für gutsherrliche und fiskalischen[3] Hintersassen[4], war schon in ältern Gesetzen bestimmt, daß kein Arbeitsfähiger von der Niederlassung ausgeschlossen und jede Gerichtsobrigkeit in Städten und auf dem Lande (Magistrat, Gutsherrschaft,

---

[1] *Benennung für eine Art von abgabepflichtigem Unterthanen (auch: Lasse).*

[2] *Stellung.*

[3] *Fiskalisch bedeutet, daß das Gut dem Staat gehört, und für dessen Kasse, den Fiskus, bewirtschaftet wird.*

[4] *Wirtschaftlich oder rechtlich von einem Gutsherrn abhängige Bauern.*

Domänenamt[1]) zur Fürsorge für wirklich Arme und Arbeitsunfähige verpflichtet sein solle, weiter sogar zur Beschaffung von Arbeit und Verdienst für die arbeitsfähigen Armen, namentlich aber zur Verpflegung derjenigen Hülfsbedürftigen, welche am Orte gebürtig oder zuerst gedient oder einige Jahre gewohnt oder sonst sich daselbst (nach dem Edict vom 28. April 1748 drei Jahre hindurch) genährt hatten.

Vagabundirende und bettelnde Arme sollten auf Kosten der säumigen Gerichtsobrigkeit an den Heimatsort zurückgeschickt werden. So werden schon in den ältern Gesetzen Freizügigkeit, Heimatsrecht und Verpflichtung zur Armenpflege in ihrem innern Zusammenhange aufgefaßt. Das Patent[2] vom 8. Sept, 1804 „wegen näherer Bestimmung der Grundsätze über die Verpflegung der Ortsarmen in der Kurmark[3], Neumark[4] und Pommern" — die Grundlage der neuern Gesetzgebung über Heimatsrecht und Armenpflege vom 31. Dec. 1842 — war bereits mehrere Jahre vor der großen preußischen Reformgesetzgebung der Jahre 1807 und

---

[1] *Domänen sind Güter des Staates.*

[2] *Hier: Gesetz.*

[3] *Das ursprüngliche Gebiet des preußischen Staates, auf dem die Kurwürde der Markgrafen von Brandenburg beruhte (des Rechts, den deutschen Kaiser mitzuwählen), ein Teil der Mark Brandenburg.*

[4] *Der eine der beiden Teile der Mark Brandenburg (im Gegensatz zur Kurmark).*

1811[1] ergangen. Jenes Patent prägte die freiern Principien noch schärfer aus. Es bestimmte unter anderm
ausdrücklich: „daß die Ortsobrigkeiten nicht befugt sein
sollten, einem Ortseinwohner, welcher nicht zur Klasse
der Armen gehört und der in der Commune Wohnung
und Unterhalt finden kann, die Fortdauer des bisherigen Wohnsitzes zu versagen, das überdies einer solchen
(nicht zur Klasse der Ortsarmen gehörigen) Person an
jedem Orte, woselbst sie Wohnung und Unterhalt finden kann, daselbst auch von jeder Ortsobrigkeit die
Aufnahme als Ortseinwohner gestattet werden müsse."
Als Ortseinwohner aber sollte jede selbständige Person
betrachtet werden, welche am Orte ihren festen Wohnsitz im rechtlichen Sinne genommen hat, ohne Rücksicht auf die Zeit dieses Wohnsitzes, sodaß die Armen-
pflicht der Ge-[715]-meinde (und die Heimatsberechti-
gung des Angezogenen mit dem Zeitpunkt begann, in
welchem jemand am Orte seinen letzten festen Wohnsitz genommen hat. Hingegen sollte die Zurückweisung
an den Ort des frühern Aufenthalts oder Wohnsitzes
nur in dem Falle zulässig sein, wenn ein solcher Orts-
armer schon zuvor am Orte seines frühern Aufenthalts
verarmt gewesen, dieser Beweis der neuen zurückwei-
senden Gemeinde jedoch nur binnen Jahresfrist offen
stehen. Bei bloßer Entfernung vom Orte des bisherigen
Wohnsitzes, ohne wirkliche Veränderung desselben,
soll der Verarmte nach Ablauf von drei Jahren den Ar-
menanstalten der Provinz[2], in welcher sein letzter

---

[1] *Die Stein-Hardenbergschen Reformen.*

[2] *Preußen ist in Provinzen gegliedert, die über den Gemeinde
stehen und subsidiär einspringen, wenn diese die Armenpflege
nicht leisten können oder nicht zuständig sind.*

Anhang

Wohnsitz belegen, zur Last fallen.[1] Ein zur Verpflegung nicht geeigneter Armer[2], welcher zur Selbstbeschaffung des Bedarfs an Nahrung u. s. w. für sich und seine nicht arbeitsfähigen Angehörigen hinreichende Kräfte besitzt, soll sich selbst nach erlaubten Mitteln und Gelegenheiten hierzu umsehen. Ist ihm dies weder am bisherigen Aufenthalts- noch an einem andern Orte, aller nachweislich angewendeten Bemühungen ungeachtet, gelungen, so bleiben die Obrigkeiten zum Unterhalt und Unterkommen verpflichtet.

Diesen Grundsätzen schloß sich das Gesetz über die Aufnahme neu anziehender Personen vom 31. Dec. 1842 (Gesetzsammlung, Nr. 2317, S. 5) an. Dessen erster Paragraph stellt die Bestimmung an die Spitze: „Keinem selbständigen preußischen Unterthan darf an dem Orte, wo er eine eigene Wohnung oder ein Unterkommen sich selbst zu verschaffen im Stande ist, der Aufenthalt verweigert oder durch lästige Bedingungen

---

[1] Über die provinziellen oder Landarmenverbände und deren Verhältniß zu den Ortsarmenbezirken s. den in den Mittheilungen des Centralvereins in Preußen für das Wohl der arbeitenden Klassen, Neue Folge, II, abgedruckten Bericht des Verfassers an den internationalen Wohlthätigkeitskongreß zu Frankfurt a. M. (1857): über den Zustand der Arbeiter- und Armenbevölkerung im preußischen Staate und die Gesetzgebung zur Verbesserung dieses Zustandes.

[2] Unter letztern ist diejenige Person zu verstehen, welche weder hinreichendes Vermögen noch Kräfte besitzt, um sich und den nicht arbeitsfähigen Ihrigen den zum Unterhalt durchaus nöthigen Bedarf an Nahrung, Kleidung, Obdach und Feuerung vollständig selbst zu verschaffen.

erschwert werden." Dazu ergänzt §. 4: „daß nur denjenigen, welche weder hinreichendes Vermögen noch Kräfte besitzen, sich und ihren nicht arbeitsfähigen Angehörigen den nothdürftige Lebensunterhalt zu verschaffen, solchen auch nicht von einem zu ihrer Ernährung verpflichteten Verwandten zu erwarten haben, der Aufenthalt an einem andern Orte als dem ihres bisherigen Aufenthalts verweigert werden kann." Jedoch genügt (laut §. 5) „die Besorgniß künftiger Verarmung eines Neuanziehenden zu dessen Abweisung nicht; nur wenn sich binnen Jahresfrist nach dem Anzuge die Nothwendigkeit einer öffentlichen Unterstützung offenbart und die Gemeinde nachweist, daß die Verarmung schon vor dem Anzuge vorhanden war, kann der Verarmte an die Gemeinde seines frühem Aufenthaltsorts zurückgewiesen werden". Allein diese letzte Bestimmung ist durch ein neuestes Gesetz vom 21. Mai 1855 dahin geändert: „daß bei eintretender Nothwendigkeit öffentlicher Unterstützung eines Verarmenden vor Ablauf des ersten Jahres nach dem Umzuge der Armenverband des frühern Aufenthaltsorts denselben ohne weiteres wieder übernehmen muß." Also nur während dieses einen Jahres bleibt der Anspruch, resp. die Pflicht zur Armenpflege (damit ein festes Heimatsrecht) in Preußen suspendirt[1], sofern nicht die beiden andern Verpflichtungsgründe obwalten, nämlich a) ausdrückliche Aufnahme als Gemeindemitglied und b) gewöhnlicher Aufenthalt während der drei letzten Jahre vor dem Zeitpunkte, wo die Hülfsbedürftigkeit hervor-

[1] *aufgehoben.*

tritt, nach bereits erlangter Großjährigkeit.[1] Die Pflicht
der Armenpflege bezieht sich dagegen nicht auf Personen in vorübergehenden Dienstverhältnissen, wie z. B.
Dienstboten, Handwerksgesellen, Fabrikarbeiter
u. s. w., welche gleich den Ehefrauen Witwen und Kindern dem frühern Heimatsbezirk, resp. dem der Ältern,
Ehemänner, Väter u. s. w. verbleiben, solange sie kein
eigenes Domicil durch eigene Wirthschaft begründet,
vorbehaltlich der Fürsorge der Aufenthaltsgemeinde in
Krankheitsfällen bis zur Wiederherstellung, da niemand
hülflos gelassen werden darf. Abgesehen davon, daß
durch Strafgesetze und richterliche Erkenntnisse die
Freizügigkeit auch in Preußen beschränkt und daß das
Domicil vorschriftsmäßig (durch Anmeldung bei der
Polizeibehörde) zu ergreifen ist, hängt es sonach im allgemeinen vom freien Entschluß jedes selbständigen
arbeitsfähigen Menschen ab, seinen Wohnsitz und damit seinen Heimatsbezirk an jedem Orte des Staatsgebiets zu wählen und zu fixiren. Dabei ist kein Unterschied gemacht zwischen Gemeindebürgern und
Nichtmitgliedern der politischen Gemeinde[2]. Auch ist
bei keinem Gewerbe die Freiheit der Arbeit und die
Zulassung zum Gewerbebetriebe von dem [716] Besitze
des (politischen) Bürger- und Gemeinderechts abhängig
(§. 20 der Gewerbeordnung vom 17. Jan. 1845). Denn
das letztere begreift nur Wahlrecht und Wählbarkeit zu
den Ämtern der Gemeindeverwaltung und Vertretung,

---

[1] Gesetz über die Verpflichtung zur Armenpflege vom 31. Dec.
1842 Gesetzsammlung von 1843, Nr. 2318, S. 8 fg.

[2] *Die Wahl des Wohnsitzes ist unabhängig davon, ob man dort
die politischen Rechte hat oder nicht.*

nicht die Befugniß zur Betreibung bürgerlicher Geschäfte in sich (§. S der Städteordnung vom 30. Mai
1853 u. s. w.); es ist andererseits nur die Befähigung
zum Erwerbe des (politischen) Bürgerrechts durch den
selbständigen Betrieb eines stehenden Gewerbes als
Haupterwerbsquelle oder durch den Besitz eines
Wohnhauses u. s. w. bedingt. Noch freilich aber hat,
wie schon oben erwähnt wurde, jeder Neuanziehende
in denjenigen Städten, wo es herkömmlich oder statutarisch[1] beschlossen ist, ein Einzugsgeld zu entrichten.
Dagegen ist nirgends die Verehelichung an Vermögens-
oder irgend andere Nachweise gebunden als an solche,
welche an sich die Fähigkeit zur Schließung einer Ehe
und zu deren Rechtsgültigkeit zufolge allgemeiner land-
rechtlicher[2] Bestimmungen begründen — erfülltes Alter, Einwilligung der Ältern und Vormünder, erlaubte
Verwandtschaftsgrade.

Im allgemeinen stehen dem Rechte auf Freizügigkeit innerhalb des preußischen Staatsgebiets auch die
wesentlichen bürgerlichen Freiheitsrechte zur Seite.
Denn abgesehen von einzelnen (theilweis indeß schon
antiquirten) Rückschritten der spätern Gewerbegesetzgebung, insbesondere durch die Verordnung wegen

---

[1] *Als Gewohnheitsrecht aus einer Tradition heraus oder durch
einen expliziten Beschluß und ein Statut.*

[2] *Das Allgemeine Landrecht für die Preußischen Staaten trat
nach längerer Vorbereitung 1794 in Kraft. Es umfaßte in einem
Gesetzbuch sowohl das Zivilrecht und das Strafrecht als auch
einen Teil des öffentlichen Rechts.*

Anhang

Einrichtung der Gewerberäthe[1] vom 9. Febr. 1849, ging die Aufhebung der Bannrechte[2], geschlossenen Zünfte und Gewerbsmonopole wie der gewerblichen Real- und Exclusivberechtigungen (1810 und 1811) mit der Aufhebung der gutsherrlich-bäuerlichen Verhältnisse[3] (1811 fg.), der Reallasten[4], Frondienste[5], Gemeinheiten[6] und Servituten[7] (1821) wie der Geschlossenheit des Grundbesitzes[8] (1811), mithin die Freiheit der Arbeit mit der

---

[1] *Diese wurden zu je einem Drittel auf vier Jahre aus dem Handwerks-, dem Fabrik- und dem Handelsstand gewählt, sollten bei allen gewerblichen Anordnungen mit ihren Ansichten und Vorschlägen zu hören sein sowie bei der Festlegung der täglichen Arbeitszeit für die verschiedenen Gewerbe und der zu den Handwerken gehörigen Tätigkeiten.*

[2] *Bei Bestehen eines Bannrechtes sind die Konsumenten in einem Gebiet gezwungen, gewisse Leistungen und Waren nur von bestimmten Anbietern zu beziehen.*

[3] *Womit das Verhältnis von Bauer zu Grundherr nur noch wirtschaftlich und freiwillig, nicht mehr zwangsweise als das eines Untertans geregelt war.*

[4] *Leistungen, die an ein Grundstück gebunden sind, und erbracht werden müssen.*

[5] *Persönliche Leistungen, die ein Bauer für den Grundherrn zu erbringen hatte.*

[6] *Gemeinheiten sind Gemeineigentum (Allmende), das aufgeteilt und in kleine Parzellen aufgeteilt wurde (Separation).*

[7] *Beschränkung des Eigentums an einem Grundstück als eine Unterlassung oder Duldung zu Gunsten Dritter.*

[8] *Verbot, gewisse Besitzungen aufzuteilen.*

des Grundeigenthums und dessen Cultur Hand in Hand. Die Gesetzgebung trug dem innern organischen Zusammenhange der verschiedenen volkswirthschaftlichen Gebiete und Thätigkeiten in bewußter Anerkennung ihrer Wechselwirkung Rechnung und durfte deshalb eines günstigen Erfolgs gewiß sein.

Dagegen hat sich die Gesetzgebung auch in Preußen, ungeachtet der Errichtung des Zollvereins[1], noch nicht bis zur Einräumung des Freizügigkeitsrechts an die Unterthanen anderer deutschen Staaten erhoben. Diese werden vielmehr bei ihrer Einwanderung ebenfalls noch in Preußen als Ausländer behandelt. Auch hier steht gegen die Aufnahme eines jeden, der nicht preußischer Unterthan ist, den Gemeinden ein Veto zu (Ges. Nr, 2317 , §. 6). Hingegen existiren keine andern besondern Erschwerungen der Freizügigkeit Deutscher aus andern Staaten nach Preußen.

In manchen Beziehungen ist auch die königlich sächsische Gesetzgebung in Betreff der Freizügigkeit freisinniger und gerechter als die anderer deutscher Länder.

Es ist vorauszuschicken, daß nach derselben jeder Staatsangehörige zu einem bestimmten Heimatsbezirk im Verhältniß der Heimatsangehörigkeit stehen und jedes Grundstück hinsichtlich des Armenversorgungsverbandes zu einem Heimatsbezirk gehören muß. Der letztere aber ist verbunden[2], seine unterkommenlos ge-

---

[1] *Der Deutsche Zollverein wurde 1833 beschlossen und trat per Anfang 1834 in Kraft.*

[2] *verpflichtet.*

wordenen Heimatsangehörigen bei sich aufzunehmen und ihnen Unterkommen und nothdürftige Unterhalt zu verschaffen. Demnächst wird bestimmt: a) daß keinem Staatsangehörigen die Aufnahme und Erlaubniß zur Niederlassung an einem andern als dem Heimatsorte zu versagen ist, wenn und sobald er einen Heimatschein[1] und außerdem einen sogenannten Verhaltschein[2] beibringt (§. 17 des Heimatsgesetzes vom 26. Nov. 1834); b) daß die Erhebung eines Einzugsgeldes weder hinsichtlich städtischer Schutzverwandter[3] noch hinsichtlich der in eine Landgemeinde neu einziehenden Personen zu gestatten ist (Gesetz vom 12. Oct. 1840 und Ausführungsverordung vom 22. Oct. 1840).[4]

Bei Aufnahme selbst von Ausländern als Unterthanen sollen Tagelöhnerei und Handarbeit auch dann, wenn sie ein unsicheres und prekäres Brot gewähren, kein Grund zur Versagung sein. Doch ist bei der Niederlassung eines Ausländers in einer Stadt behufs[5] selbständiger Betreibung eines zunftmäßigen Gewerbes nächst der Unbescholtenheit und Erwerbsfähigkeit der Besitz eines ausreichenden Vermögens nachzuweisen.

---

[1] *Bescheinigung der Heimatgemeinde über die Mitgliedschaft.*

[2] *Führungszeugnis.*

[3] *Verwandter, für den jemand Verpflichtungen hat.*

[4] Doch scheint das Einzugsgeld im Königreiche Sachsen nicht durchaus abgeschafft. S. Friedrich in der weiter unten allegirten *[darauf verwiesenen] Schrift.*

[5] *zum Zwecke.*

Dabei haben indeß nur die Gemeinden, nicht die Innungen ein Widerspruchsrecht. Der Betrag des Vermögens eines Ausländers ist in größern Städten nicht über 600, in mittlern nicht über 400, in kleinem nicht über 200 Thlr. und bei Verheiratheten nicht über das Doppelte bestimmt, die Aufnahme übrigens auch bei geringerm Vermögen zulässig, wenn ein Revers[1] der Heimatsbehörde bezüglich der Wiederaufnahme im Falle der Aus- und Zurückweisung beigebracht wird (Mandat vom 13. Mai 1831). [717]

Dagegen verliert das Recht der Freizügigkeit auch der Staatsunterthanen im Königreich Sachsen sehr erheblich an seinem Werthe und Effect dadurch, daß die Heimatsangehörigkeit nur begründet wird : a) durch Geburt, b) durch ausdrückliche Ertheilung, c) durch Ansässigkeit mit einem Wohngebäude, d) durch Gewinnung des Bürgerrechts, in Dörfern auch durch gestattete Niederlassung als Dorfhandwerker oder Dorfkrämer, jedoch zu c und d erst nach Ablauf eines fünfjährigen Zeitraums von der Ergreifung des Domicils oder der Ansässigkeit als Bürger ab. Blos bei Heimatlosen[2] entscheidet der letzte Wohnort.

Denn bei der seltenern ausdrücklichen Verleihung zu b und der fünfjährigen Suspension[3] des vollen Effects zu c und d bleibt für die große Mehrzahl der Ge-

---

[1] *Verpflichtungserklärung.*

[2] *Heimatslose haben keine „Heimat", d. h. eine Gemeinde, die sie aufnehmen und verpflegen muß.*

[3] *Außerkraftsetzung.*

burtsort auch Heimathbezirk durch ihr ganzes Leben, zumal bei der Üblichkeit von ortspolizeilichen Heimat-scheinen, durch deren Ausfertigung die Verbindlichkeit des Geburts- oder frühern Heimatsbezirks als Armen-versorgungsverband bezüglich der Weggezogenen ge-genüber dem neuen Aufenthaltsort derselben vorbehal-ten und ferner begründet bleibt.

Es gestattet aber das Gesetz die Ausweisung und Zurücksendung an den Geburts-, resp. frühern Hei-matsbezirk nicht blos dann, wenn jemand während sei-nes dermaligen Aufenthalts a) öffentliches Almosen in Anspruch genommen oder b) selbst gebettelt oder nach erhaltener Warnung seine Kinder zum Betteln ausge-schickt hat, sondern überdies soll es einerseits vom Ermessen der Polizeibehörde in concreto[1] abhängen, ob eine frühere polizeiliche Ausweisung in andern Fäl-len als gegen dienstloses Gesinde und arbeitslose Gesel-len für einen genügenden Grund zur Verweigerung der Aufnahme überhaupt gelten kann, und andererseits bleibt die Ausweisung mit Transport in den alten Hei-matsbezirk jederzeit zulässig (also ohne Rücksicht auf eine noch so lange Zeit des Aufenthalts am neuen Wohnort), sofern das Heimatsrecht am Aufenthaltsorte nicht ausdrücklich erworben worden ist.

Da die Bewilligung oder Versagung der Aufnahme, gleichwie des dauernden Aufenthalts nicht, wie in Preu-ßen, an gesetzlich bestimmte oder durch Vorschriften des Strafrechts und richterliche Entscheidung begrenzte Voraussetzungen geknüpft, vielmehr das Ermessen der

---

[1] *in der Wirklichkeit.*

Freizügigkeit

Behörden mehr oder weniger maßgebend ist, so leuchtet ein, daß das selbst nach der Aufnahme als Ortangehöriger über dessen Haupt schwebende Damoklesschwert[1] polizeilicher Ausweisung den Effect und materiellen Nutzen der Freizügigkeit sehr vermindert, indem dadurch der Erwerb des neuen Domicils mehr oder weniger zu einem vorübergehenden prekären Aufenthalt wird, weshalb auch der in demselben begründete Nahrungsstand kein durchaus gesicherter ist. Mit dem etwaigen Einwurf, daß die Ausweisungen der Polizeibehörden doch meist nur schlechte oder zweifelhafte Subjecte treffen werden, ist man im freien England schon vor mehr als 600 Jahren bei Vereinbarung der Magna-charta von 1215[2], sowie später bei der Aufstellung der Habeas-Corpus-Acte von 1679[3] nicht einverstanden gewesen.

---

[1] *Eine dauernd drohende Gefahr; nach der antiken Legende, daß der Tyrann Dionysios von Syrakus Damokles zu einem Festmahl einlud, aber über dessen Platz ein an einem Roßhaar hängendes Schwert anbringen ließ. Als Damokles das bemerkte, verzichtete er auf die weitere Teilnahme.*

[2] *Die Magna Carta Libertatum („große Urkunde der Freiheiten") war eine vom englischen König Johann Ohneland am 15. Juni 1215 mit dem revoltierenden Adel abgeschlossene Vereinbarung, die die Grundlage des englischen Verfassungsrechts bildet.*

[3] *Habeas Corpus bedeutet wörtlich „Du sollst den Körper haben" und war im Mittelalter die Einleitung zu Verhaftungsbefehlen. Nach der Akte (Gesetz) haben Verhaftete vor allem das Recht, gegen die Verhaftung Einspruch bei höheren Instanzen einzulegen. Insbesondere muß es einen begründeten Haftbefehl geben.*

Anhang

Es ist vielfach anerkannt, daß überall, wo sich das Recht der Freizügigkeit vorerst nur auf die Freiheit des Aufenthalts und Domicils beschränkt, während das Heimatsrecht beim Geburtsorte bleibt, oder wo letzteres doch erst nach längerer Zeit am neuen Aufenthalts- oder Wohnorte erworben wird, sei es in den Fällen der Verarmung oder gar der Zurückweisung aus andern Gründen an den Geburts- und frühern Heimatsort, die schreiendsten Inconvenienzen[1], Härten und Übelstände zumal dann eintreten, wenn der Zurückgeschickte den Ort seiner Geburt oder frühern Heimat schon in zarter Jugend verlassen, sich an andern Orten verheirathet und eine Familie begründet hat und so den Verhältnissen seines Geburts- und alten Heimatsorts ganz und gar entfremdet ist.[2] Ein mit dem Armenwesen besonders vertrauter, für dessen Verbesserung ebenso begeisterter als mit Hingebung thätig gewesener Mann, der Gerichtsamtmann Friedrich[3] zu Chemnitz[4], zählt im Ge-

---

[1] *Unbequemlichkeiten.*

[2] Vgl. Schüz in der Tübinger Zeitschrift, Jahrgang 1848, S. 70 fg., wo angeführt wird, daß in der Schweiz früher (1837) 120000 Menschen ohne Heimatsrecht in andern Cantonen lebten und 1830 ein einziger Weiler im Canton Luzern mit fünf Häusern zwischen 200-300 Heimatsangehörige in der Fremde unterhielt.

[3] *Moritz Leberecht Friedrich, 1842-1850 Bürgermeister von Löbau.*

[4] Vgl. Friedrich, Offene Briefe über das Armenwesen im Königreiche Sachsen mit besonderer Bezugnahme auf die Armenpflege im Bezirk des königlichen Gerichtsamts Chemnitz (Dresden 1869).

gentheil zu den erfolgreichsten Mitteln, dem Armen auf- und fortzuhelfen und wiederum ein besseres Fortkommen desselben zu begründen, dessen Versetzung in andere Verhältnisse mit Veränderung des Wohnorts (wie beim Kranken der Luft), ingleichen seiner Arbeits- und Lohnverhältnisse wie seiner Arbeitgeber. Hören wir ihn selbst: [718]

„Die Fähigkeiten der Menschen zum Broterwerb sind sehr verschieden, die Gelegenheit dazu ist aber im Aufenthalts- oder Heimatsorte oft gar nicht, wol aber in einem andern Orte vorhanden.

„Beim starren Festhalten des Heimatsbezirks darf aber der Arme nicht an diesen Ort ziehen, ja nicht einmal dahin auf Arbeit gehen, entweder weil er in Jahresfrist Armenwohnung oder Almosen erhalten hat, oder weil seine Kinder betteln gegangen sind, oder weil er das im fremden Orte zu entrichtende Einzugsgeld nicht erschwingen kann[1].

„Es sind dies Berge, hinter denen für ihn eine goldene Aue[2] liegt, über die er aber nicht hinweg kann, wenn ihn nicht jemand darüber hinweghebt. Was soll der arme Mensch beim besten Willen der Welt machen, wenn er in einem Orte bleiben muß, wo durchaus keine Arbeit für ihn da ist, während anderwärts mit leichter Mühe für ihn und seine Familie ein gutes Fortkommen beschafft werden könnte? Welches Gefühl muß ihn überkommen, wenn er, von andern dennoch verachtet,

---

[1] *sich nicht leisten kann.*

[2] *Au oder Aue: kleiner Fluß.*

hungern muß und die Seinigen nicht ernähren kann? Ist es ein Wunder, wenn er den Muth verliert, wenn Erbitterung sich seiner bemächtigt, wenn er endlich mit Zucht und Sitte bricht, immer tiefer und tiefer sinkt und endlich zum Bettler, Vagabunden, Arbeitscheuen, ja zum Verbrecher wird?

„Ebenso wichtig ist die Versetzung bei den unmoralischen Armen; beim Verbrecher z. B. um ihn aus dem Verkehre mit seinen Mitbetheiligten, um ihn aus den bekannten örtlichen Verhältnissen zu entfernen; beim Arbeitscheuen, Vagabunden, um ihm sein gewohntes Faullager[1] zu entziehen; beim Trunkenbolde, um ihn seinen Winkelschenken[2] zu entreißen; bei allen aber, um ihnen das Mistrauen und den Haß, womit sie, nicht selten mit Unrecht, von den Bekannten verfolgt werden, abzunehmen und sie in eine Lage zu bringen, in der sie zu sich selbst wieder Vertrauen fassen können, ist gewiß, fast ohne Ausnahme, nichts empfehlenswerther als die Entfernung aus ihren zeitherigen[3] Verhältnissen."

„Warum aber will man diese Veränderung des Wohnorts und der Arbeitsverhältnisse dem Patrocinium[4] der Armen- oder Gemeindebehörde vorbehalten

---

[1] *Ort, wo er faulenzt.*

[2] *verborgen oder abseits gelegene Schankwirtschaft, auch mit dem Beiklang des Anrüchigen.*

[3] *bisherigen.*

[4] *Beschützung durch einen Patron.*

und erst dann anwenden, wenn der in andere Umgebungen zu Versetzende schon der Armuth verfallen, und wenn die demoralisirende Wirkung der Beschränkungen seiner Freizügigkeit und Selbstbestimmungsfreiheit bereits für ihn eingetreten ist, anstatt früher und zur rechten Zeit die in der Veränderung gefundene Hülfe seinem eigenen freien Entschluß anheimzustellen?"

Die Übelstände, welche vorstehend geschildert sind, werden durch eine Heimatsgesetzgebung, wie sie zum Theil also auch noch im Königreich Sachsen besteht und früher bekanntlich mit allen diesen Schäden in England bestand, gesetzlich nur befestigt und gewissermaßen legalisirt.

Die preußische Gesetzgebung vom 31. Dec. 1842, selbst mit der Novelle vom 21. Mai 1855, ist von obigem Übelstande frei. Hingegen leidet sie an einem andern Mangel, welcher freilich außer ihrer eigenen Sphäre liegt. Derselbe gehört theils in das Gebiet der Finanzgesetzgebung, sofern es vor Aufhebung der Grundsteuerfreiheiten der eximirten Rittergüter[1] vorzugsweise in Pommern, Brandenburg und einem Theile der Provinz Sachsen[2] an einer gleichmäßigen und brauchbaren Grundlage für die Communalbesteuerung,

---

[1] *eximieren: von Verbindlichkeiten befreien. Rittergüter mußten etwa keine Steuern entrichten.*

[2] *Die Provinz entstand aus vorherigem Besitz von Preußen und Landesteilen, die Sachsen nach dem Wiener Kongreß abtreten mußte, und entspricht in etwa dem heutigen Sachsen-Anhalt. Hauptstadt der Provinz war Magdeburg.*

also für die Armenbeiträge fehlt (was Sachsen voraus hat); theils fällt der Mangel in das Gebiet der Gemeindegesetzgebung und erwartet seine Beseitigung von deren Reform.

Dieser Mangel betrifft namentlich den geringen Umfang der Armen-, resp. Heimathsbezirke. Einen dergleichen getrennten, für sich bestehenden Bezirk oder Ortsarmenverband bildet jetzt in Preußen, mit Ausnahme einiger Landestheile, jede einzelne Gemeinde und jedes einzelne nicht im Gemeindeverbande befindliche Gut (Rittergut[1] und Domänenvorwerk[2]) — Ges. Nr. 2318, §. 1, 5 fg. — da die gewünschten freien Übereinkünfte behufs Vereinigung zu gemeinschaftlichen Armenverbänden selten oder nie zu Stande gekommen sind. Hiervon macht nur Schlesien eine Ausnahme, wo die in der Ortsgemeinde belegenen Rittergüter in verschiedenen communalen Beziehungen, wie bezüglich des Wegebaus, so namentlich auch bezüglich der Armenpflege zur gemeinschaftlichen Tragung der Communallasten verbunden sind, andererseits also auch einen gemeinsamen erweiterten Heimatsbezirk gleichzeitig für alle dem Gemeinde- und dem Gutsbezirk heimatsangehörigen Bewohner beider Bezirke bilden.

---

[1] *Ein Rittergut war ein Landgut, mit dessen Besitz durch Gesetz oder Gewohnheitsrecht gewisse Vorrechte des Grundherrn, insbesondere Steuerbefreiungen und die Landtagsfähigkeit, verbunden waren.*

[2] *Ein Vorwerk ist ein landwirtschaftlicher Gutshof oder ein gesonderter Zweigbetrieb eines solchen. Das Wort bezeichnete ursprünglich Güter oder sogar Befestigungen außerhalb der Stadtmauern. Ein Domänenvorwerk gehört dem Staat.*

Ausgenommen ferner sind die Rheinprovinz und die Provinz Westfalen, wo die überwiegende Mehrzahl der Rittergüter noch jetzt mit der Ortsgemeinde, zu einem Communalverbande vereinigt ist, überdies die Einrichtung der je aus mehreren Einzelgemeinden zusammengesetzten Amts- oder Sammtgemeinden (Aemter und Bürgermeistereien — schon infolge früherer Landgemeinde-, resp. Gemeindeordnung von 1841 und von 1845) fortbesteht. Das preu-[719]-ßische Gesetz vom 31. Dec. 1842 bestimmt nur, daß einzelne Besitzungen, wie Mühlen, Krüge[1] u. s. w., die weder zu einer Gemeinde gehören, noch auf Trennstücken[2] von Domänen oder Rittergütern angelegt sind, nach Anordnung der Landespolizeibehörde (Regierung) in Beziehung wie auf alle Communalverhältnisse, so auch auf die Armenpflege mit einer Gemeinde vereinigt werden sollen (§. 8). Bei kleinen und zur Verpflegung ihrer Armen unvermögenden Gemeinden soll zwar der Landarmenverband[3] durch Gewährung von Beihülfen mit eintreten[4], dergleichen (provinzielle) Landarmenverbande existiren aber auch nicht einmal überall, indem die Revision der

---

[1] *Gaststätten.*

[2] *Grundstücke am Rand eines Gutes, die bei Auftrennungen entstanden.*

[3] *Einrichtung auf Ebene einer Provinz, die subsidiär eingreift, wenn die Gemeinden die Armenpflege nicht leisten können oder nicht zuständig sind.*

[4] S. über den Landarmenverband den oben gedachten Bericht des Verfassers in dem Congrès intenational, a. a. O.

Landarmenreglements[1] nicht in allen Provinzen durchgeführt ist.

Dagegen ist im Königreich Sachsen die obere Verwaltungsbehörde nicht blos zur Zutheilung einzelner Grundstücke an die in der Regel auch die Heimatsbezirke bildenden Gemeindebezirke, sondern auch zur zwangsweisen Vereinigung benachbarter kleiner Gemeinden zu einem gemeinschaftlichen Heimatsbezirk von Amts wegen ermächtigt. Weiter aber ist bestimmt, daß Rittergüter und Vorwerke mit den Gemeinden zusammen, wenn auch keine politische Gemeinde, so doch einen gemeinschaftlichen Armen- und Heimatsbezirk bilden, resp. daß erstere den Heimatsbezirken der betreffenden Orte einverleibt werden sollen, und ist es sogar für unzulässig erklärt, aus dergleichen (selbst isolirten) Rittergütern und Vorwerken eigene Heimatsbezirke zu bilden. Dabei wird die öffentliche Armenpflege als Gegenstand der Gemeindeverwaltung betrachtet, und es haben alle Besitzungen ohne Ausnahme, auch Ritter- und sonst eximirte[2] Güter, zu den Zuschlägen[3] an Personal-, Gewerbe und Grundsteuer für

---

[1] *Der Verordnungen über Armenpflege durch die Landarmenverbände.*

[2] *von gewissen Verpflichtungen (vor allem Steuerzahlung) entbundene.*

[3] *Eine übliche Erhebungsweise für Abgaben und Steuern durch die Gemeinde ist es, diese als (meist prozentuale) Zuschläge zu anderen Steuern einzutreiben, womit man sich die Arbeit spart, Steuerpflichtige zu veranlagen, usw.*

die Armenkasse zu contribuiren[1] (Heimatsgesetz vom
26. Nov. 1834 und Gesetz vom 12. Oct. 1840 nebst der
Ausführungsverordnung vom 22. Ort. 1840; desgl. Ar-
menordnung vom 22. Ort. 1840).

Dessenungeachtet ist im Königreich Sachsen seit
mehreren Jahren das Bedürfniß zur Bildung größerer
(Bezirks-) Armenvereine hervorgetreten und dasselbe
theilweise, wenn auch unvollkommen, durch eine freiwillige Vereinigung mehrerer Ortsarmenvereine zu sogenannten Bezirksvereinen zu erfüllen versucht worden. Denn auch in Sachsen hatte dies gleichwol schon
von der Gesetzgebung empfohlene Princip der Freiwilligkeit keinen praktischen Erfolg.

Die sachkundigsten Männer wie eine Mehrzahl der
freiwilligen Bezirksarmenvereine haben deshalb die
Nothwendigkeit legislativer Einwirkung zum Zwecke
der Erweiterung der örtlichen Armen- und Heimatsbezirke durch Vereinigung mehrerer derselben zu größern
Verbinden dringend verlangt.[2]

Ein solches Bedürfnis der Vereinigung ist nun aber
in den meisten Provinzen des preußischen Staates noch
dringender, und zwar keineswegs blos der Rittergüter,
resp. Gutsbezirke, mit den einzelnen Ortsgemeinden
und Gemeindebezirken zu gemeinschaftlichen örtlichen
Armen- und resp. Heimatsverbänden, sondern ebenso

---

[1] *beitragen.*

[2] S. Friedrich, a. a. O.; desgl. Lehmann, Zur Frage des sächsischen Armenwesens: Die Gründung einer Amtslandschaft
(Dresden 1858).

wiederum dieser so gebildeten einzelnen Orts- und Heimatsverbände zu größern — Amts- oder Sammt-gemeindeverbänden oder Domicilgemeinden[1], Ämtern, wie sie in der Provinz Westfalen, oder Bürgermeisterei-en, wie sie in der Rheinprovinz bestehen. Denn von 36588 Landgemeinden im preußischen Staate (excl. der Hohenzollerschen Lande[2]), wobei die als besondere Armenbezirke in der Regel von den Gemeinden geson-derten Rittergüter und Domänenvorwerke nicht einmal getrennt aufgeführt sind, enthalten (zufolge statistischer Aufnahme von 1846) 8355 unter 100 und 2294 nur zwischen 100 und 500, durchschnittlich eine jede etwa nur 317 Einwohner, dabei aber die östlichen Provinzen noch bei weitem weniger. So hat namentlich Ostpreu-ßen von 6166 Landgemeinden unter 500 Einwohnern 5945, durchschnittlich jede einzelne Gemeinde etwa 195 Einwohner; Westpreußen von 3774 unter 500 Einwohnern 3631, durchschnittlich wenig über 200 Einwohner; Posen von 3481 unter 500 Einwohnern 3228, die einzelne Gemeinde durchschnittlich etwa 280; Brandenburg 4114, darunter 3763 unter 500, und die einzelnen Landgemeinden im Durchschnitt etwa 272; Pommern von 3405 unter 500 Einwohnern 3202, [720] jede der erstern durchschnittlich zu 244 Einwohner,

---

[1] S. hierüber den Aufsatz von Kries, Über die Lage der ländlichen Arbeiter in Preußen und den Zustand der Armen- und Heimats-gesetzgebung in England, in den Mittheilungen des Centralver-eins in Preußen für das Wohl der arbeitenden Klassen, Neue Folge, Bd. II, Heft 3, S. 198 fg. und S. 206 fg.

[2] *Regierungsbezirk Sigmaringen im heutige Baden-Württem-berg, das Stammland der Hohenzollern.*

wobei es natürlich Gemeinden gibt, die erheblich weniger als 100 Bewohner zählen.

Litt doch auch in England die Verwaltung des Armenwesens vor dessen Reform durch die Gesetzgebung von 1834 einen ähnlichen Mangel. Denn auch dort zählten von den 15535 Kirchspielen[1] (den örtlichen Armenverbänden) 737 nur bis 50, 1907 bis 100, 6681 bis 300 Seelen. Die größere Hälfte der Kirchspiele konnte also keine lebensfähige Dorfverfassung[2], geschweige lebensfähige Armenverbände bilden.[3]

Auch sogar in England wirkte und wirkt zum Theil noch jetzt dieser mangelhafte Zustand einer zu beschränkten Abgrenzung der Armenbezirke, und zwar vorzugsweise beim Stande der ländlichen Arbeiter, auf deren bürgerliche Freiheitsrecht sehr nachtheilig zurück. „Dies hat unter anderm ein englischer Staatsmann und gründlicher Kenner des englischen Armenwesens, auch hauptsächlichster Bearbeiter der Reform desselben (Edwin Chadwick[4]) bezeugt und entwickelt.[1] Dadurch

---

[1] *Kirchenbezirke, die für die Armenpflege zuständig waren.*

[2] *Sie waren zu klein, um die entsprechenden Institutionen unterhalten zu können.*

[3] S. Gneist, heutiges englisches Verfassungs- und Verwaltungsrecht Berlin 1867). I, 637.

[4] *Sir Edwin Chadwick (1800-1890) war ein britischer Beamter und Anhänger des Utilitarismus, der Vorschläge für die öffentliche Hygiene machte (Wasserversorgung, Abwasserkanalisation, usw.) sowie an der Gesetzgebung (Poor Law Amendment Act, Factory Act) mitarbeitete.*

sind insbesondere die ländlichen Arbeiter, bei dem Einflusse der großen Gutsbesitzer und dem Interesse derselben, sich gegen die Armenpflege zu schützen und abzusperren, indem Guts- und Kirchspielsgrenzen sowie (vor 1834) auch Parochialdomicile[2] (Armen- und Heimatsbezirke) meist zusammenfielen, thatsächlich im Rechte der Freizügigkeit erheblich beschränkt worden. Sie waren bei der gegenseitigen Abkehr Neuanziehender an die Scholle gebunden und in gewisser Art zu glebae adscriptis[3] degradirt. Deshalb bestand ein wesentlichster Punkt der Reform des englischen Armenwesens im Jahre 1834 in der Ermächtigung der neu eingerichteten Centralbehörde für das Armenwesen (des Armenamts) zur zwangsweisen Umbildung und Vereinigung mehrerer Kirchspiele zu einer Stadtgemeinde (der Herstellung einer Kreisverfassung[4]) für die Zwecke der Armenpflege und sonach auch bezüglich der Heimatsangehörigkeit. Zufolge dessen sind jetzt statt der oben gedachten großen Anzahl von Kirchspielen, resp. kleinen örtlichen Armenbezirken 618 größere (Kreis-) Armenverbände (durchschnittlich etwa 24 Kirchspiele umfassend) entstanden.[5]

---

[1] Vgl. hierüber Chadwick, Memoire über die Zukunft des englischen Ackerbaus und der Landbauarbeiter im Congrès international de bienfaisance de Bruxelles (1856) II, 199, 208.

[2] *Wohnsitze nach Kirchbezirken.*

[3] *an die Scholle Gebundenen (im Dativ).*

[4] *Durch den Municipal Corporations Act 1835 wurden die kommunalen Institutionen reformiert.*

[5] Gneist, a. a. O., §. 116, S. 476, und §. 163, S. 636 fg.

Freizügigkeit

Hieraus ergibt sich, daß, wenn einerseits die Armenpflege nicht auf den ganzen Staatsverband übertragen werden kann und darf, vielmehr den Gemeinde- und Heimatsbezirken verbleiben muß, doch die angemessene Erweiterung dieser letztern eine wesentliche Bedingung zur Herstellung vollkommener Freizügigkeit ist.

In der vorstehenden Skizze über die so tief und vielseitig eingreifende Freizügigkeitsfrage ist wenigstens versucht worden, die verschiedenen Beziehungen hervorzuheben, in denen dieselbe wie zur Landesverfassung, so insbesondere zu den wichtigsten sittlichen und wirthschaftlichen Bedingungen und Elementen des Volkslebens steht. Es ist die Freizügigkeit gewissermaßen nur die formale Vorbedingung zum Vollgenusse anderer höchst materieller bürgerlicher Rechte. Sie löst zunächst die Fesseln, welche die Menschen an einer freien Bewegung auf dem großen und reich besetzten Markt des Volkslebens hindern, auf welchem doch für alle diejenigen, die dazu geistige und physische Mittel und Kräfte besitzen, mannichfache Arbeit vollauf und vermittelst dieser volkswirthschaftlich werthvollsten, auch allgemein gültigen Münze sowol moralische als materielle Güter aller Art theils zur Veredelung und Verschönerung, theils zur Erhaltung und Kräftigung des menschlichen Daseins zu erwerben sind. Die Gestattung der freien Bewegung der Kräfte durch Abnahme der Fesseln nutzt aber wenig zur Aneignung der Güter, solange noch dem gemeinen[1] Verkehr und der Erwerbung auf dem Markte selbst unnatürliche und

---

[1] *allgemeinen.*

ungerechte Marktpolizeiverordnungen[1] entgegenstehen, welche den Verkehr und Erwerb hindern oder doch erschweren. Daher kommt es zugleich auf Aufhebung dieser Marktpolizeiverordnungen an.

Inzwischen wäre es schon für die persönliche und bürgerliche Freiheit, auch für die materielle Wohlfahrt der Deutschen von hohem Werth, die Hindernisse und Belästigungen, die Abgaben und Steuern, die Vermögensnachweise und ähnliche Maßregeln beseitigt zu sehen, welche selbst abgesehen von den hier und dort fortbestehenden gewerblichen Zunft- und Concessionseinrichtungen, allein schon entweder auf der Uebersiedelung an einen andern Ort, oder auf der Eingehung einer Ehe, oder auf der Gründung eines selbständigen Hausstandes und einer eigenen Wirthschaft ruhen. Die Rückkehr zur Geschlossenheit der Grundbesitzungen[2], welche in den Gesetz-[721]-gebungen einiger deutscher Länder angebahnt, auch wiederholt im preußischen Herrenhause[3] beantragt wurde, gehört ohnehin zu den todtgeborenen Kindern, sicher zu den kurzlebigen Fehlgeburten. Mit Einführung der Gewerbefreiheit beschäftigt sich augenblicklich allen Ernstes die Gesetzgebung mehrerer deutschen Staaten. Bei dieser Gelegenheit und im unmittelbaren Zusammenhange damit tritt zugleich eine dringende Veranlassung zur Aufhe-

---

[1] *Im engen Sinne: Regulierungen für Marktplätze: hier im weiten Sinne für wirtschaftliche Regulierungen.*

[2] *Verbot, diese in kleinere Grundstücke aufzuteilen.*

[3] *Eine der beiden Kammern des Preußischen Landtags, eine Art "Oberhaus" mit ernannten Vertretern.*

bung auch der Freizügigkeitsbeschränkungen wie mancher anderer formeller und materieller Beeinträchtigungen der allgemeinen bürgerlichen Freiheit an die Regierungen und gesetzgebenden Faktoren heran. Ohne das bliebe die Freiheit der Arbeit und der Gewerbe ein nicht zu hebender Schatz. Denn jene Beschränkungen bezweckten am häufigsten nur das Interesse der Zünfte, gewerblicher Monopole und polizeilicher Concessionen. Sie stufen sich nicht selten verschieden ab, je nachdem es sich um An- oder Uebersiedelung zünftiger oder unzünftiger, selbständiger oder unselbständiger, geprüfter oder ungeprüfter Gewerbtreibender, von Technikern, Künstlern, Fabrikanten oder von gewöhnlichen Handwerkern handelt. Sie gingen von Berufsunterschieden aus, deren Grenzen und Kriterien schon gegenwärtig ineinander laufen, nach Einführung der Gewerbefreiheit aber mehr und mehr ganz verschwinden werden. Dann also müssen dergleichen Beschränkungen vollends unnütz und zwecklos erscheinen. Es wird doch zuletzt die Überzeugung siegen, daß die verschiedenen volkswirthschaftlichen, resp. bürgerlichen Freiheiten[1] nur in einer und derselben allgemeinen bürgerlichen Freiheit zusammentreffen, deren innerster Quellpunkt in der christlichen Würdigung der Persönlichkeit und sittlichen Freiheit des Menschen liegt, daß aber eine Verleugnung dessen auf die Dauer unvereinbar mit dem Wesen eines verfassungsmäßigen Rechtsstaats ist, und daß eine solche Verleugnung nicht blos

---

[1] Niederlassung, Ansiedelung, Arbeit, Verehelichung, Erwerbsfähigkeit u. s. w.; von politischen Freiheiten ist in diesem Artikel nicht die Rede.

die fortan unabweisliche constitutionelle Staatsform, sondern je länger je mehr auch die Erhaltung, Ordnung und Sicherheit der darauf beruhenden Staatswesen selbst in Gefahr bringt.

Wäre indeß diese Überzeugung in den einzelnen Staaten durchgedrungen, so bedarf es allerdings für das ganze deutsche Vaterland noch eines weitern Schrittes, wofern der Deutsche den Staatsangehörigen Frankreichs, Englands, Nordamerikas, bald vielleicht auch Italiens[1] an bürgerlichen Rechten und Freiheiten sowie an deren materiellen Früchten nicht nachstehen soll. Hier sind große, weite Ländergebiete der freien Bewegung der Staatsangehörigen im Bereiche der volkswirthschaftlichen Thätigkeit geöffnet. Im deutschen Vaterlande hingegen, wo gleichwol Eisenbahnen und Presse den Austausch und die Bewegung von Producten und Gedanken nicht weniger befördern, treten der Freizügigkeit und bürgerlichen Freiheit der Staatsangehörigen von Land gegen Land größere Schranken entgegen als gegen das nicht deutsche Ausland, da in diesem der deutsche Einwanderer, sobald er die Grenzen überschritten hat, frei arbeiten und erwerben darf, gleich dem Einheimischen. Die Aufhebung aber jener Schranken des einen deutschen Staates gegen den andern ist im deutschen Volksbewußtsein allmählich zum Axiom geworden. Dies Axiom steht an Wichtigkeit, selbst für die materielle Wohlfahrt des Volkes, keinem

---

[1] *Das Königreich Italien entsteht gerade erst um die Zeit, in der Wilhelm Lette schreibt. Am 17. März 1861 wird Viktor Emanuel II. in Turin zum König Italiens ausgerufen. Turin ist die Hauptstadt, da Rom noch dem Kirchenstaat gehört.*

andern nationalen Wunsche und Verlangen nach. Es
steht vielleicht sogar in erster Linie und allen voran.
Daß das deutsche Volk dessen Befriedigung nicht vom
Bundestage erwartet, wird dieser wol selbst bei unbe-
fangenem historischen Rückblick auf seine Thaten und
Früchte gerechtfertigt finden[1]. Gerade deshalb beeilte
wol die Deutsche Nationalversammlung die Publication
der Grundrechte im Reichsgesetze vom 27. Dec. 1848,
wonach unter anderm jeder Deutsche das Recht haben
sollte, an jedem Orte des Reichsgebiets Aufenthalt und
Wohnsitz zu nehmen und jeden Nahrungszweig zu betreiben.[2] Beim Bundesbeschluß vom 23. Aug. 1851, der
diese Grundrechte ohne Vorbehalt und Ausnahme, anscheinend auch ohne die Absicht aufhob, etwas anderes
an deren Stelle zu setzen, wurde der weise Grundsatz
des Königs Friedrich Wilhelm III. vergessen: daß man
das Gute annehmen und behalten solle, gleichviel von
welcher Seite es komme. Möchte Preußen ohne Rücksicht auf Reciprocität[3] und etwaige kleinliche Retorsi-
onsmaßregeln[4] mit der Einräumung der gleichen Frei-

---

[1] *Der Bundestag war die Vertretung der einundvierzig deutschen
Staaten und allein deshalb sehr schwerfällig und entscheidungs-
schwach.*

[2] *Nahrung hier wieder im umfassenden Sinne von Einkünften für
den Lebensunterhalt.*

[3] *Wechselseitigkeit, d. h. Freizügigkeit nur im Gegenzug mit anderen Staaten, die diese den eigenen Untertanen auch gewähren.*

[4] *Eine Retorsion bezeichnet eine Maßnahme eines Staates mit
grundsätzlich zulässigen Mitteln auf gegen ihn gerichtete feind-
liche Handlungen, eine Art zulässiger Vergeltung.*

zügigkeit, wie solche im Innern des preußischen Staates gewährt ist, auch an die Angehörigen aller andern deutschen Bundesstaaten vorangehen; in dem Bewußtsein, daß das vor allem und zunächst ihm selbst, insbesondere der fortschreitenden Entfaltung seiner eigenen Volkswohlfahrt und Macht zugute kommen werde. Jedenfalls aber wäre dann, wenn die Gesetzgebung der einzelnen deutschen Staaten wenigstens die Gewerbe- und Arbeitsfreiheit durchgeführt [722] haben wird (nach dem Vorgange der dem Princip der Menschlichkeit huldigenden Übereinkünfte vom 11. Juli und 5. Nov. 1863, betreffend die einstweilige gegenseitige Fürsorge für hülfsbedürftige Angehörige aus andern Staaten bis zu deren Herstellung), auch der Zeitpunkt gekommen zur Vereinbarung der deutschen Regierungen und Volksvertretungen über die gegenseitige Freizügigkeit und Niederlassung wie über die gleiche Ausübung auch sonstiger bürgerlicher Freiheiten ihrer Angehörigen in allen Staaten des Deutschen Bundes.

W. A. Lette.

EIN- UND AUSWANDERUNG[1]

[1] **Ein- und Auswanderung; Ansiedelung und Colonisation; Freizügigkeit.** Die unter dieser Ueberschrift zu behandelnden Gegenstände stehen nicht nur in einer nahen innern Verwandtschaft, sondern dergestalt im unmittelbaren sachlichen Zusammenhange, daß sie sich gegenseitig bedingen und zueinander als Voraussetzung oder Wirkung verhalten. Die Einwanderung in das eine Staats-, Landes-, Gemeinde- oder Ortsgebiet ist eine Folge der Auswanderung aus einem andern, und mit jener verbindet sich dann die neue Ansiedelung in demjenigen fremden Gebiete, in welchem der Auswandernde, nachdem er die bisherige Heimat aufgegeben hat, fortan sich niederzulassen beabsichtigt. Wiederum hängt die rechtliche Möglichkeit, wenigstens die größere oder geringere Leichtigkeit des Vertauschens der bisherigen Heimat mit einer andern neuen von der durch die Gesetzgebung einerseits des bisherigen Aufenthalts- und Wohnorts, andererseits des beabsichtigten neuen gewährten Freiheit des Ab- und Anzugs und der Niederlassung, d. h. von der gesetzlichen und verfassungsmäßigen Anerkennung des allgemeinen Rechts auf Freizügigkeit ab. Dem Wechsel der Niederlassung steht die neue Ansiedelung zur Seite. Als eine der hervorragendsten Erscheinungen und bedeutendsten Wirkungen von Ein- und Auswanderungen ist aber die Colonisati-

---

[1] *Aus: Karl von Rotteck und Karl Welcker (Hrsg.): Das Staats-Lexikon, 3. Auflage, Leipzig, 1861, Seite 1 ff.*

on zu betrachten, sei es, daß sie unter Vereinigung einer größern oder geringern Anzahl von Volksgenossen nach einem gemeinschaftlichen Plane oder von den Staaten und deren Regierungen unternommen wird. Gegenüber der auswärtigen Colonisation, welche bisherige Staatsangehörige aus dem alten Heimatslande in ein fremdes Gebiet entsendet, steht die innere, welche neue Unterthanen aus der Fremde zu gewinnen und in das eigene Land zur Vermehrung seiner Bevölkerung oder zur Begründung und Erhöhung seiner Agricultur oder Industrie zu verpflanzen bestrebt ist. Nicht minder gehören hierher die im Alterthum häufigern gewaltsamen Transplantationen ganzer besiegter Völkerschaften aus einem Lande in ein anderes. Jener freiwilligen Colonisation aber, als einer Ansiedlung und neuen Niederlassung in größerm Maßstabe, sind oft schon fortgesetzte kleinere Ansiedelungen einzelner Volksgenossen vorausgegangen. Die Ursachen dieser verschiedenen Ein- und Auswanderungen wie der auswärtigen oder innern Colonisation hängen bald mit großen weltgeschichtlichen Ereignissen und Völkerbewegungen zusammen, bald sind sie hervorgerufen durch innere religiöse, politische, gewerbliche, Besitz- und Agriculturzustände wie durch Bevölkerungs- und Ernährungsverhältnisse einzelner Staats- und Landesgebiete. Am häufigsten waren äußere Kriege oder innere Parteiungen[1], politische oder religiöse Bedrückungen von Völkern oder einzelnen Volksklassen Motiv und Veranlassung einerseits der Auswanderung, andererseits einer neuen Colonisation.

---

[1] *Parteibildungen, Auseinandersetzungen zwischen Parteien.*

Ein- und Auswanderung

Die angedeuteten Wechselbeziehungen der in der Überschrift dieses Artikels genannten Gegenstände erfordern deren gleichzeitige Betrachtung unter gemeinschaftlichen Gesichtspunkten, wogegen die Geschichte der Colonisationen und die Ausführung, Einrichtung und Verfassung von Colonien, wie sie von den jetzigen europäischen Staaten in andern Welttheilen ausgegangen sind, von diesem Artikel ausgeschieden und zu eigenen Artikeln verwiesen werden muß, da dieser Gegenstand theils eine selbständige Behandlung von seinem besondern Gesichtspunkt aus nöthig hat, theils bei denjenigen Ländern zu erörtern ist, welche, wie z. B. die Staaten in Nord- und Südamerika, mehr oder weniger aus dergleichen Colonien entstanden sind. Dagegen ist der Ein- und Auswanderung die Frage der Niederlassung wie die der Freizügigkeit auch deshalb so nahe verwandt, weil die Beschränkungen und Erschwerungen dieser letztern innerhalb eines und desselben Staats- und Landesgebiets sehr häufig Beweggründe für die Auswanderung sind. Nicht so selten ist die gänzliche Auflösung des Staatsangehörigkeitsverhältnisses nebst der Erwerbung eines neuen Heimats- oder Bürgerrechts[1] in einem fremden Lande viel leichter auszuführen, als die Vertauschung des bisherigen Aufenthalt- oder Niederlassungsorts mit einem [2] andern innerhalb eines und desselben Staatsgebietes; dies namentlich in der Mehrzahl deutscher Staaten nach ihrer gegenwärtigen Gesetzgebung über Freizügigkeit und Niederlas-

---

[1] *Wer Heimatrecht hat, darf in der Gemeinde leben und hat einen Anspruch auf Versorgung bei Verarmung. Wer zudem Bürgerrecht hat, der darf in der politischen Gemeinde mitbestimmen und hat aktives wie passives Wahlrecht.*

sung. Die Übervölkerung, als Motiv der Auswanderung, mochte in denjenigen Staaten der Alten Welt[1], welche auf kleine, eng begrenzte Stadtgebiete angewiesen waren, öfter ins Gewicht fallen. Sie traf aber auch da mehr nur einzelne in ihren Besitz- und Nahrungsverhältnissen bedrückte Volksklassen. Ein Anwachsen der Population über die Ernährungsbedingungen des Landes hinaus ist in seltenen Fällen nachweisbar. Überwiegend trugen, selbst im Alterthum, stets andere mitwirkende Ursachen und zwar meist politischer oder religiöser Natur dazu bei. In den Ländern der Neuen Welt[2] kommen Misverhältnisse der Bevölkerung zu den natürlichen Ernährungsbedingungen der Länder nur dann vor, wenn diese Bedingungen in verkehrter Weise durch die politische und nationalökonomische Afterweisheit[3] der Staatskunst und die ihr eigene bevormundende Polizeigesetzgebung beschränkt und solchergestalt die Nahrungsquellen der Völker in ihrer fortschreitenden naturgemäßen Entwickelung gehemmt und verstopft werden, wie dies gegenwärtig vielfach der Fall ist.

Allerdings hängt die größere oder geringere Bewegung der Völker durch Aus- und Einwanderung auch mit deren Genius[4] und eigenthümlichem Charakter zu-

---

[1] *Der Welt der alten Zeiten, nicht im Gegensatz zu den später neuentdeckten Kontinenten.*

[2] *Analog: der Welt der neueren Zeiten, nicht im Sinne der später entdeckten Kontinente.*

[3] *„after" im Sinne von „nach": Afterweisheit ist nur vermeintliches und zur Schau getragenes Wissen.*

[4] *Genius war nach dem Glauben der alten Römer ein über-*

sammen. Während der Franzose an seinen vaterländischen Boden mehr gefesselt ist, sucht der Deutsche bei aller Liebe zur Heimat leichter die Fremde auf, in die er eine unbestimmte Sehnsucht nach einem zukünftigen Glücke für sich und die Seinigen hineinträgt. Zu allen Zeiten aber war die Aus- und Einwanderung eine der einflußreichsten Bedingungen zur Verbreitung von Cultur und Civilisation über die Erde. Abgesehen von jenen Völkerwanderungen, deren tiefer liegende Ursachen der historischen Kenntniß größtentheils verschlossen blieben, bei denen ganze Völker aufeinander stießen und sich durch Jahrhunderte fortdrängten, bis sie andere feste neue Heimatssitze gewannen und neue Staaten gründeten, waren die mit neuen Ansiedelungen und Colonisationen verbundenen Ein- und Auswanderungen stets denjenigen Völkern eigen, welche entweder bereits auf einer höhern Stufe der Cultur und Civilisation standen, oder doch als die geistig begabtesten einer höhern politischen, religiösen, industriellen[1] oder commerziellen Entwickelung entgegengingen. So war die Aus- und Einwanderung eins der hervorragendsten Mittel der Vorsehung zur fortschreitenden Bildung des Menschengeschlechts. Dies sowol in dem Falle, wenn

---

menschliches Wesen, welches einen Menschen durch das Leben begleiten und in innigem Zusammenhang mit dem geistigen Dasein desselben stehen sollte. Jeder Mensch hatte nach dieser Vorstellung seinen eigenen Genius. Hier bezogen auf ganze Völker.

[1] *Industrie muß nicht unbedingt große Fabriken, sondern kann allgemein gewerbliche Tätigkeiten bedeuten oder abstrakt den Gewersbsfleiß (wie im Englischen „industry").*

die auswandernde Menge, wie es bei den Juden geschah und bei den Deutschen geschieht, ohne Gründung eigener Staats- und Gemeindewesen sich unter die Bevölkerungen der fremden Länder zerstreut oder sich in ihnen auflöst und anscheinend untergeht, oder wenn, wie es in der Alten Welt bei Griechen und Römern geschah und in der neuern bei den Engländern geschieht, in der Fremde nicht blos der eigene Charakter, Sprache und heimatliche Sitten festgehalten, sondern auch eigene selbständige Gemeindewesen im Anschluß an die heimischen Verfassungen begründet und die Bevölkerungen ausgesendet werden zur Errichtung von Colonien, welche mit dem Mutterlande in politischer oder in commerziellen Verbindung bleiben.

Bereits oben wurde angedeutet, daß unter den Gesichtspunkt der Ein- und Auswanderung wie der damit verbundenen Colonisation oder neuen Ansiedelung nicht blos die freiwilligen fallen, sondern auch jene in der Alten Welt und besonders in den Despotien des Orients häufigern gewaltsamen Versetzungen ganzer Völkerschaften aus dem alten Heimatlande, um die Besiegten desto besser im Zaume zu halten oder um ganze Völkerschaften als solche dadurch zu vertilgen, daß man sie als Sklaven verkaufte und so in alle Welt zerstreute.

Die verschiedenen weltgeschichtlichen und providentiellen[1] Formen großartigster Ein- und Auswanderung kommen vorzugsweise bei den drei bedeutendsten Culturvölkern des Alterthums, den Juden, Griechen

---

[1] *der Vorsehung.*

und Römern vor. Insbesondere haben sich bei den Juden diese Ein- und Auswanderungen vielfach und in mannichfachen Weise wiederholt.

Schon die Nachkommen Abraham's und Jakob's verließen ihre Weiden im südlichen Kanaan und vertauschten sie mit denen des Landes Gosen[1] an den Grenzen Ägyptens (1500 v. Chr.). Wiederum nach 200 Jahren kehrten sie als ein ganzes Volk zurück. Auch die von ihnen bekämpften ältesten Urbewohner Kanaans bestanden bereits aus Einwanderern. Schon ihr Name „Hebräer"[2], „Fremde" bezeichnete auch die Juden als Einwanderer. Als sich diese nach ihrer kurzen Glanzperiode in Juda und Israel getrennt und beide durch wiederholte, um den Jehovahdienst einerseits und um den grauenhaft sinnlichen Baalsdienst[3] andererseits geführte Revolutionen und blutige Bürgerkriege innerlich geschwächt hatten, verfielen die zehn Stämme Israels (720 v. Chr.) der assyrischen und Juda (586 v. Chr.) der babylonischen Gefangen-[3]-schaft. Um die Kraft Israels für immer zu brechen, führte Salmanassar[4] den größten

---

[1] *Das biblische Gosen bezeichnet ein Gebiet zwischen dem östlichen Nildelta und dem heutigen Sueskanal.*

[2] *Die Herkunft des Wortes ist umstritten, wobei Wilhelm Lette sich auf nur eine der möglichen Erklärungen bezieht: Menschen, die außerhalb der Gesellschaftsordnung stehen.*

[3] *Den Verehrern des Gottes Baal wird in der Bibel das Opfern von Kindern vorgeworfen, was aber historisch schwer zu belegen ist.*

[4] *Salmānu-ašarēd V. (oder biblisch: Salmanassar) war von 726 bis 721 v. Chr. König des assyrischen Reiches.*

Anhang

Theil des Volkes aus dem Lande und gab ihm neue Wohnsitze jenseit des Euphrat und Tigris, während die verödeten Städte und Gemarkungen[1] Israels durch andere aus Babylonien und vom Euphrat her transplantirte[2] Bewohner ersetzt wurden. Inzwischen aber waren viele Israeliten bereits nach Aegypten und den Inseln des Mittelländischen Meeres ausgewandert. Fast anderthalb Jahrhunderte später wurde nach der Zerstörung Jerusalems mit seinem Tempel und seinen Heiligthümern durch den Chaldäer[3] Nebukadnezar[4] auch Juda mit seinem nationalen Gemeinwesen zersprengt und Stadt- wie Landvolk mit Weib und Kind bis auf die geringen Leute und wenige Überbleibsel fortgeschleppt. Viele Juden waren aber auch damals schon nach Ägypten u. s. w. geflohen. Wiederum wanderten die Juden beim Wechsel des herrschenden Volksstamms und der Dynastie (538) in ihr Heimatland zurück. Nur hatten sie, wie es bei rückkehrenden Auswanderern und Verbannten meist der Fall ist, des alten Religions- und politischen Haders mit Israel nicht vergessen, am wenigsten weise Resignation[5] auf parteisüchtigen Hochmuth zu üben gelernt. Übrigens waren lange vor der Zerstörung

---

[1] *Ländereien, landwirtschaftlich genutzte Flächen.*

[2] *umgepflanzte, umgesiedelte.*

[3] *Die Chaldäer waren ein semitisches Volk in Südmesopotamien im 1. Jahrtausend v. Chr.*

[4] *Nabû-kudurrī-uṣur II. oder Nebukadnezar II. (640- 562 v. Chr.) war von 605 bis 562 v. Chr. neubabylonischer König.*

[5] *Verzicht.*

Ein- und Auswanderung

Jerusalems durch den römischen Kaiser Titus[1] Juden zahlreich durch die ganze hellenische und römische Welt zerstreut, wo sie, wie z. B. auch in Alexandrien und Rom, lange vor Christi Geburt eigene administrativ und zum Theil selbst lokal abgegrenzte Gemeindewesen, doch in religiöser und nationaler Freiheit und Selbständigkeit bildeten. (Duncker, „Geschichte des Alterthums", zweite Auslage, I, 178, 444, 559; II, 516 und a. a. O.; Mommsen, „Römische Geschichte", zweite Auflage, III, 529.)

Die Entsendung und Gründung eigener Colonien war in frühester Zeit das Werk der Phönizier[2], eine Wirkung ihres Unternehmungsgeistes und des Strebens nach Erweiterung und Sicherung ihres Handelsverkehrs. Von den phönizischen Städten Tyrus[3] und Sidon[4] wurden Kreta, dann weiter im Westen und Norden die Inseln des Ägäischen Meeres colonisirt, ferner Pflanzstädte[5] auf der afrikanischen und spanischen Kü-

---

[1] *Titus (39-81) war als Nachfolger seines Vaters Vespasian der zweite römische Kaiser der flavischen Dynastie. Er führte den Jüdischen Krieg (66-74), der mit der Eroberung Jerusalems und der Zerstörung des Tempels endete.*

[2] *Die Phönizier (auch Phönikier) waren ein semitisches Volk des Altertums, das hauptsächlich in Phönizien im Bereich des jetzigen Libanons und Syriens an der Mittelmeerküste lebte.*

[3] *Tyros oder (lateinische Form) Tyrus ist eine Stadt im Süden des heutigen Libanons.*

[4] *Sidon ist eine Stadt im Süden des heutigen Libanons.*

[5] *Kolonie im antiken Sinne: Ansiedelung von Auswanderern aus*

ste wie in Sicilien (schon 1300—1000 v. Chr.) gegründet und diese im Verkehre mit dem Mutterlande erhalten.

Doch kommt die Ein- und Auswanderung mit ihren verschiedenen Ursachen und Wirkungen wie in ihren mannichfaltigen Formen vorzugsweise in der hellenischen und römischen Welt zur Anschauung.

Als einige griechische Bergstämme, die Pelasger[1] und Dorier[2], sich vom Norden her über Attika und den Peloponnes ergossen und letztere sich im Thale des Eurotas[3] festgesetzt hatten, wandte sich die griechische Auswanderung seit der Mitte des 10. Jahrhunderts v. Chr., zunächst der Ionier aus der attischen Landschaft, den kleinasiatischen Küsten zu, wo eine Reihe von Ansiedelungen (Milet, Ephesus, Kolophon) entstanden und den Lydiern[4] und Kariern[1] Grund und Boden mit

---

einer bestimmten Stadt, die gewissermaßen wie ein Ableger in der neuen Stadt angepflanzt werden.

[1] *Die Pelasger waren ein Volk, das vor den Griechen in Griechenland gelebt hatte und nicht Griechisch sprach. Genaueres ist aufgrund der wenigen Quellen umstritten. Insofern irrt Wilhelm Lette, der die Pelasger für griechische Stämme hält.*

[2] *Die Dorer (seltener: Dorier) waren ein altgriechisch-sprachiger, indogermanischer Volksstamm, der ursprünglich wahrscheinlich im nordwestgriechischen Raum Epirus und Makedonien beheimatet war.*

[3] *Heutiger Name: Evrotas, ist einer der Hauptflüsse der griechischen Halbinsel Peloponnes.*

[4] *Die Lyder waren ein indogermanisches Volk, das in der nach*

dem Schwerte entrissen wurde. Im Ägäischen Meere stießen dann die griechischen Ansiedelungen mit den phönizischen Niederlassungen zusammen. „Es war (vgl. Duncker, a. a. O., III, 257) diese große Bewegung Griechenlands, welche die Herrschaft der Griechen über das Ägäische Meer ausdehnte, das wiederum die Gegenküste Asiens in ihre Hand brachte, nicht durch den Druck eines äußern übermächtigen Feindes hervorgerufen, auch keine Eroberung, welche die gesammte Kraft der hellenischen Gaue unter der Führung eines mächtigen Fürsten im gewaltigen Kriegszuge errungen hatte. Noch in den ersten Stadien ihrer Entwickelung begriffen, verdankten die Griechen diese Erfolge zuerst den Unruhen, die zwei Bergstämme erregt hatten, denen ihre Weiden zu eng geworden waren. Von der Mitte des 10. Jahrhunderts abwärts folgte unmittelbar eine Schar Auswanderer auf die andere. Mit diesen ihren Eroberungen verbanden die Griechen stets Colonisationen und infolge dieser letztern die Gründung eigener auf Selbstthätigkeit und Selbständigkeit angewiesener Gemeinwesen."

Nachdem auch der Peloponnes bei der ersten griechischen Völkerströmung seine Bewohner großentheils gewechselt hatte und Sparta von den Doriern gegründet

---

ihnen benannten Landschaft Lydien im Westen Kleinasiens lebte.

[1] *Als Karer oder Karier wurde in der Antike ein Teil der nichtgriechischen Bevölkerung im südlichen Westkleinasien bezeichnet. In historischer Zeit lebten sie vor allem im Hinterland von Milet, in der Landschaft Karien (heute Südwesttürkei).*

worden war, sandten alsdann auch diese ihre mit der innern Verfassung unzufriedenen Söhne, gleich den Lokrern[1], den Messeniern[2] und Korinthern[3], nach Sicilien und dem südlichen Italien. Das gefällige Orakel zu Delphi stärkte stets den Muth kühner Unternehmer neuer Colonisationen durch günstige Aussprüche. Die afrikanischen Küsten des Mittelländischen wie die des Schwarzen Meeres wurden bald vom Mutterlande, bald von den neuen Epigonen[4] selbst mit neuen Ansiedelungen bevölkert. Die politischen Parteiungen im Innern der Gemeinwesen wie die Streitigkeiten unter den dorischen Königsgeschlechtern und unter dem besitzenden und besitzlosen Adel Spartas bei der sich immer erneuernden Ungleichheit der Güterlosen kamen stets der Ausbreitung der Colonisation [4] zu statten. Sie eröffnete der unterliegenden Partei einen Zufluchtsort und die Möglichkeit freier politischer Organisationen nach eigenem Sinne.

---

[1] *Lōkris waren zwei Landschaften im alten Hellas, bewohnt von den Lokrern, die ozolischen am korinthischen, die opuntischen und epiknemidischen am euböischen Meerbusen.*

[2] *Messenien ist eine Landschaft in Griechenland, sie war in der Antike ein bedeutender Staat im Südwesten der Peloponnes.*

[3] *Korinth ist eine griechische Stadt am Isthmus von Korinth, einer Landenge, die Peloponnes und griechisches Festland verbindet. Westlich dieser Landenge befindet sich der Golf von Korinth.*

[4] *Nachfolger, wörtlich: Nachgeborene.*

Ein- und Auswanderung

Unter wesentlich andern Formen, weil aus andern Motiven und Verhältnissen heraus, bewegte sich die Ein- und Auswanderung in den verschiedenen anwachsenden Ländergebieten des römischen Staates. Die Ein- und Auswanderung in Rom selbst wie in Italien, namentlich aber die römische Colonisation ist noch weit enger und unmittelbarer mit der Gesammtentwickelung Roms, seiner politischen wie bürgerlichen Verfassung und Stände verflochten. Dieselbe führt bis auf die Anfänge der römischen Republik, insbesondere auf die Kämpfe zwischen den Patriciern und Plebejern[1] zurück, welche sich nach Vertreibung der Könige hauptsächlich um zwei große sociale Gegenstände bewegten, einestheils um die sogenannten Wuchergesetze, anderntheils um die sogenannten Agrargesetze. Jene, welche erst durch die Verordnung römischer Statthalter, sodann durch Senatsbeschluß vom Jahre 704 der Stadt ihren Abschuß erhielten (Mommsen, III, 517), interessiren allerdings für die Frage der Ein- und Auswanderung wie der Colonisation in einem geringem Grade als die Agrargesetze, welche es bekanntlich mit der gerechtern Auftheilung des durch Eroberung, zunächst in Italien, dann in Gallien und in andern Provinzen dem Staate erworbenen Gemeinde- und Domänenlandes[2] auch an besitzlose oder ärmere Bürger, insbesondere an die Veteranen der Heere nach geleistetem Kriegsdienste zu thun hatten, während sich allein die patricischen Familien in den Besitz und die Benutzung dieser Staatslände-

---

[1] *Die Patrizier würden in etwa einem Adel entsprechen, dem die Plebejer als das Volk gegenüberstehen.*

[2] *Domänenland gehört dem Staat.*

reien gesetzt und darin zu erhalten gewußt hatten. Nur soweit mit dieser Domänenfrage und Agrargesetzgebung die wegen des Zinswuchers zusammenhägt, ist hinsichtlich des letztern zu bemerken, daß die kleinen Grundeigenthümer und Bauern, die den Kern der römischen Heere bildeten, durch die unaufhörlichen Kriege an der Cultur[1] ihrer Grundstücke gehindert, um so mehr der Noth und Verarmung anheim, daher fort und fort den patricischen Geldmännern in die Hände fielen und nach dem strengen Römischen Recht der Schuldknechtschaft verfielen, je weiter sich auf den Großbesitzungen und wachsenden Latifundien[2] der patricischen Familien wie später der Nobilität[3] die Sklavenwirhschaft ausbreitete, gleichzeitig aber der Werth und Reinertrag der kleinen Besitzungen fortschreitend herabsank und infolge dessen nicht blos die Abmeierung[4] der Clienten[5] um sich griff, sondern auch das Auskaufen oder die Vertreibung der überdies durch ihre Schuldverpflichtungen verarmenden freien Eigenthü-

---

[1] *Bebauung.*

[2] *Großgrundbesitz von mehr als 500 Hektar.*

[3] *Adel.*

[4] *Ursprünglich ist ein „Meier" jemand, der ein Gut für den Grundherrn verwaltet, später ein Pächter oder untergeordneter Bauer. Bei einer Abmeierung wird der Hof eines Meiers durch den Grundherrn vorzeitig entzogen.*

[5] *Der Begriff clientela bezeichnete im alten Rom die Anhängerschaft, die Gesamtheit der Schützlinge eines Patrons, dem diese zu Treue verpflichtet waren.*

mer und Bauern seitens der an ausgedehnten Grundbesitzungen und Kapitalien reichen patricischen Familien.
Ebenso ruinirte später die Sklavenwirthschaft im Fa-
brik- und Gewerbebetriebe auch den kleinen freien
Handwerker, der gegen die wohlfeile Sklavenarbeit
nicht concurriren konnte. In diesen Zuständen beruhen
die frühen und fortgesetzten Bestimmungen wegen eines Zinsmaximums (zuerst 12 Proc.), dann die Verbote
des Zinses von Zinsrückständen u. s. w., sogar peri-
odisch die (gleich erfolglose) Untersagung aller Zinsen,
selbst Darlehnserlasse, wie manche andere Beschränkungen des Creditverkehrs. Bei dieser Sachlage hatte
jeder Reformvorschlag der demokratischen oder liberalen Partei[1] und ihrer Staatsmänner deshalb in der Regel
gleichzeitig die Credit- und Zins-, wie die Domänen-
und Agrarverhältnisse zum Gegenstande. Daher gehen
die Motive und Veranlassungen der spätern römischen
Colonisation auch auf beide zurück.

Im Anfange der Republik wurde ein Krieg in der
Umgegend Roms und Italiens öfters in der Absicht geführt, um den ärmere Bürgern einen auskömmlichen[2]

---

[1] *Wilhelm Lette legt hier eher unhistorisch die Schablone seiner
Zeit über die antiken Verhältnisse. In Preußen setzen sich gerade
die 1861 begründete Deutsche Fortschrittspartei, die sich aus
Demokraten und Liberalen im Sinne von 1848 gebildet hat, mit
der Regierung und ihren Anhängern, der Reaktion, auseinander.
Inhaltlich paßt die Analogie nicht ganz, weil die Fortschrittspartei nicht für, sondern gegen Wuchergesetze eintritt. Gemeint ist
die Parallele hier wohl als eine Warnung an die Regierenden:
Keine römische Verhältnisse!*

[2] *mit dem man auskommen kann, mehr als hinreichend.*

Anhang

Landbesitz durch Ansiedelung als Colonisten zu verschaffen, wie dies z. B. im Volskerlande[1] geschah. Nicht selten wurde indeß diese Absicht nach dem Siege von den Patriciern vereitelt und vergessen. Späterhin begnügte sich auch der römische Senat nicht immer mit der politischen Unterdrückung und unerhörten Aussaugung der besiegten Völker, als römischer Unterthanen, durch Steuern wie durch Getreide und sonstige Naturallieferungen. Denn Karthago war dem Erdboden gleich gemacht, und nach der Schlacht von Pydna (586 a. u.[2], 168 v. Chr.) ließ die römische Regierung unter anderm in Epirus[3] 70 Ortschaften der Plünderung preisgeben und an 150000 Einwohner in die Sklaverei verkaufen; ebenso die erste Handelsstadt Griechenlands, das blühende Korinth völlig zerstören, den Wiederaufbau der öden Stadt verbieten und alle nicht durch das Schwert gefallenen Bürger als Sklaven verkaufen. Mit dieser gewaltsamsten Transplantation der besiegten Völkerschaften ging die Erweiterung des stets wach-

---

[1] *Die Volsker waren ein zur oskisch-umbrischen Sprachgruppe gehörender italischer Volksstamm. Sie lebten in den Volskerbergen (heute Monti Lepini) und im Lirital in Latium. Den Römern gelang es in den Jahren 338–329 v. Chr., die Volsker zu unterwerfen.*

[2] *ab urbe condita: nach Gründung der Stadt Rom im Jahre 753 v. Christus.*

[3] *Epirus ist eine historisch-geographische Region im Südwesten der Balkanhalbinsel. Sie erstreckt sich entlang der Küste des Ionischen Meeres vom Ambrakischen Golf im Süden bis zum Ceraunischen Gebirge im Norden. Das Gebiet gehört heute teils zu Griechenland, teils zu Albanien.*

senden Umfangs römischen Domänen, und Gemeindelandes in allen Theilen der damals bekannten Welt
Hand in Hand. Schon Caius Gracchus[1] hatte (630 a. u.,
124 v. Chr.) den Grundsatz aufgestellt, daß aller Grund
und Boden der unterthänigen Gemeinden als Eigenthum des Staates anzusehen und von diesem nicht blos
beliebig zu besteuern, sondern auch zur Anlegung von
Colonien zu verwenden sei. Er war als Colonisator der
Vorgänger Cäsar's, als Gesetzgeber aber der Nachfolger
des Spurius Cassius[2] [5] (268 a. u.), der über seinem —
dem ersten — Ackergesetz, „wodurch er das egoisti-
sche Occupationssystem der Domänen und die finanzi-
elle Allmacht der Reichen zu brechen und damit die
Quelle des Übels in Rom zu verstopfen versuchte", den
Tod fand, indem ihn die Bürgerschaft verließ, weil nach
seinem Vorschlage auch schon die lateinischen Eid-
und Bundesgenossen[3] an der Assignaten[4] von Landlo-
sen[5] theilnehmen sollten. Es war ferner die Gracchi-

---

[1] *Gaius Sempronius Gracchus (153-121 v. Chr.) war ein römischer Volkstribun und verfolgte ein Programm im Sinne der Po-
pularen, die sich als Vertreter des Volks sahen. Er wurde von
seinen Gegnern ausgeschaltet und beging Selbstmord auf der
Flucht.*

[2] *Spurius Cassius Vecellinus, auch Vicellinus, war in den Jahren
502, 493 und 486 v. Chr. römischer Konsul.*

[3] *Lateinisch: socii. Verschiedene Stämme in Latium, die mit den
Römern verbündet waren.*

[4] *Zuweisungen.*

[5] *Die Grundstücke wurden per Los zugeteilt, aber auch im Sinne
von Los als Begriff für ein Grundstück zu verstehen.*

sche[1] Gesetzgebung nur eine erweiterte Fortsetzung der Rogationen[2] des Licinius Stolo[3] und L. Sextius[4] (378 a. u.) über Vertheilung des Gemeindelandes (Niebuhr, „Römische Geschichte", 1812, II, 335 fg.; Mommsen, I, 255; II, 115). Ungeachtet der ungeheuern Ausdehnung des Gebiets des römischen Staates und seiner Domänen sank nichtsdestoweniger der Wohlstand der Bürger immer tiefer, schon seit dem zweiten Punischen Kriege[5] (dem Census[6] von 595 a. u.) sogar auch die Zahl der waffenfähigen Bürger zugleich mit der der kleinen Grundbesitzer Italiens wie der selbständigen Handwerker, während fortschreitend einerseits Latifundien und

---

[1] *Die Gracchische Reform war der Versuch der Brüder Tiberius Sempronius Gracchus und Gaius Sempronius Gracchus, im 2. Jahrhundert v. Chr. Landreformen durchzuführen.*

[2] *Gesetzesvorschläge.*

[3] *Gaius Licinius Stolo war von 376 bis 367 v. Chr. Volkstribun. Zusammen mit Lucius Sextius Lateranus beantragte er im Jahr 367 v. Chr. die Leges Liciniae Sextiae, mit denen den Plebejern der Zugang zum Amts des Konsuls ermöglicht und die Menge öffentlichen Landes (ager publicus), die eine Person besitzen konnte, begrenzt werden sollten.*

[4] *Lucius Sextius Lateranus war von 376 bis 367 v. Chr. römischer Volkstribun.*

[5] *Der Zweite Punische Krieg wurde zwischen 218 und 201 v. Chr. geführt und ist durch Hannibals Überquerung der Alpen bekannt geworden.*

[6] *Volkszählung.*

Ein- und Auswanderung

Reichthum der zur Theilnahme am Staatsregimente gelangten Familien, andererseits der hauptstädtischen Pöbel durch Uebersiedelung Fremder und durch Freigelassene zunahmen. Vollkommen verändert waren jedoch die Zustände Italiens und seiner Bevölkerung, besonders die Verhältnisse der Stadt Rom, als Cäsar an der Spitze der Staatsverwaltung seine großen Reformen zur Wiederherstellung des zerrütteten Staatswesens unternahm. „Reichthum und Elend im innigen Bunde hatten — sagt Mommsen, III, 512 — die Emigration der Italiker[1] aus Italien zur Folge und füllten die Halbinsel halb mit Sklavengewimmel, halb mit schauerlicher Öde. Ein großer Theil der Bevölkerung strömte in das Ausland und in die Provinzen, um dort Handel und andere Geschäfte zu treiben. Ein anderer war durch lange Dienstzeit seiner Heimat völlig entfremdet. Speculation hielt einen Theil der Grundbesitzer und fast die ganze Kaufmannschaft auf Lebenszeit oder doch auf lange Zeit außer Landes fest. Als Ersatz dafür erhielt Italien theils das Sklaven- und Freigelassenen-Proletariat[2], theils die aus Kleinasien, Syrien und Ägypten einströmenden Händler und Handwerker."

Schon früher forderten die mit römischem oder lateinischem[3] Bürgerrecht beliehenen Eid- und Bundes-

---

[1] *Als Italiker oder Italer werden die nach Italien eingewanderten indogermanischen bzw. indogermanisierten antiken Völker und Stämme bezeichnet.*

[2] *Proletariat nicht im marxistischen Sinne, sondern im ursprünglichen römischen: eine verwahrloste Unterschicht.*

[3] *„lateinisch" als Adjektiv zu Latium.*

genossen Italiens gleiche Berechtigung, außerdem die der Heimat entfremdeten Veteranen Theilnahme an den Früchten ihrer Eroberung.

Nur diesen Zuständen des römischen Staatswesens entsprechend entwickelte sich aus der Agrarfrage die der Colonisation und trat diese letztere mit der erstern in unmittelbare Verbindung. Sie war lediglich eine Fortsetzung und Erweiterung der erstern. Zugleich wurde sie aber ein erfolgreiches Mittel, das römische und italische Proletariat in den Provinzen zu versorgen und die von ihm dem Staatswesen wie der gemeinen[1] Sicherheit drohende Gefahr von Rom und Italien zu entfernen. „Mit der überseeischen Emigration eröffnete sich für die italischen Proletarier ein bleibender Abzugskanal." Gesetzvorschläge wegen Gründung von Colonien in der einen oder andern Provinz und dabei gleichzeitig wegen Dotation[2] der ärmern Staatsgenossen mit Losen römischen Gemeindelandes in diesen Colonien gehörten fortan bei allen innern Parteikämpfen, die bald in blutige Bürgerkriege überginge, stets zu denjenigen Maßregeln, welche einerseits von der demokratischen und Reformpartei[3] beantragt, auch häufig durchgesetzt, andererseits vom Senat wie von der Aristokraten, und Reactionspartei[4] hartnäckig bestritten und nach einem

---

[1] *allgemeinen.*

[2] *Schenkungen.*

[3] *Wie oben schon ausgeführt: Wilhelm Lette interpretiert die Lage in Rom mit den Begriffen seiner eigenen Zeit, vermutlich, um sie als warnendes Beispiel hinzustellen.*

[4] *Analog: eine Bezeichnung, die eher in Wilhelm Lettes Zeit paßt.*

Siege über die Gegner auch öfters wieder rückgängig gemacht wurden. Von großen und edeln römischen Staatsmännern ausgegangen, wurden diese Fragen wiederum auch zur Handhabe der Demagogie[1] und ein verstärktes Motiv immer tieferer Zerstörung des römischen Staatslebens.

Abgesehen von der italischen Colonisation früherer Zeit, eröffnete Caius Gracchus die Gründung von Bürgercolonien in den überseeischen Gebieten[2]. Unter anderm entsendete er an den Ort, wo einst Karthago gestanden, 6000 theils aus römischen Bürgern, theils aus italischen Bundesgenossen gewählte Colonisten. Die Volkspartei fuhr nach Marius' Siege[3] über die Cimbern und Teutonen[4] mit der Vertheilung des karthagischen

---

[1] *Auch hier ist wohl eine Parallele gemeint. Danach würden den „großen und edeln römischen Staatsmännern" die Politiker der Deutschen Fortschrittspartei entsprechen, die berechtigte Anliegen des Volkes gegen die Reaktion vertreten, was aber von Demagogen (Volksverführern) wie Ferdinand Lassalle und seinen Sozialisten für andere Zwecke ausgenutzt werden kann.*

[2] *Aus dem Blickwinkel der Römer, also: jenseits des Mittelmeers.*

[3] *Gaius Marius (158 oder 157 bis 86 v. Chr.), Politiker und römischer Feldherr, der die Teutonen 102 v. Chr. bei Aquae Sextiae (heute: Aix-en-Provence) vernichtend schlug.*

[4] *Die Kimbern waren ein germanischer Volksstamm, der mutmaßlich aus dem nördlichen Jütland stammte. Gemeinsam mit den Teutonen und Ambronen zogen sie um das Jahr 120 v. Chr. aus ihrem Siedlungsgebiet im Norden Mitteleuropas nach Süden.*

Gebietes (654 a. u.) an die Marianischen[1] Veteranen fort (Mommsen, II, 200). Schon mußte nach Ertheilung des Bürgerrechts an die italischen Bundesgenossen selbst die wiederum siegreiche Aristokratie das Gracchische Colonisationssystem gelten lassen. Denn auch unter dem Regiment Sulla's[2] bildete die Ausführung von Colonisationen einen Theil seiner umfassenden Regierungsmaßregeln. Es sollen an seine Soldaten 120000 Landlose, freilich großentheils aus den Feldmarken[3] straffälliger Gemeinden ehemaliger Bundesgenossenschaften in Italien, assignirt[4] sein. Pompejus[5] hingegen sendete Colonien auch nach dem Orient, dem Schwarzen Meere und Ägypten. Doch vollendete erst Cäsar, was Caius Gracchus begonnen. Indem Cäsar im großartigsten Maßstabe Colonien zu römi-[6]-schem und lateinischem Stadtrecht sowol aus den Veteranen seiner Legionen wie aus den Bundesgenossen schuf, lenkte er die italische Auswanderung nach allen Theilen des römischen Reichs, nach Gallien dies- und jenseit der Alpen[6],

---

[1] *Die Veteranen, die unter Gaius Marius gekämpft hatten.*

[2] *Lucius Cornelius Sulla Felix (um 138 bis 78 v. Chr.) war ein römischer Politiker, Feldherr und Diktator in der Spätphase der Republik.*

[3] *landwirtschaftlich genutzte Gebiete.*

[4] *zugewiesen.*

[5] *Gnaeus Pompeius Magnus (106-48 v. Chr.) war ein römischer Politiker und Feldherr, Gegenspieler von Caesar.*

[6] *Gallia Cisalpina (diesseits) lag in Norditalien bis nach Istrien in Kroatien, Gallia Transalpina (jenseits) entsprach in etwa dem*

Ein- und Auswanderung

nach Afrika[1], namentlich Karthago, nach Griechenland, nach Sicilien und dem Schwarzen Meere. Durch diese Ackervertheilungen an seine Legionäre schuf er wiederum auch einen zahlreichen Bauernstand aus den als Rekruten ausgehobenen Proletariern Italiens. So führte Cäsar in wenigen Jahren an 80000 Colonisten über das Meer, wogegen er aber auch die Liste der römischen Bürger, an welche unentgeltlich Getreide als Brotkorn vertheilt wurde, von 320000 auf 150000 Nummern herabsetzte und fixirte[2] (Mommsen, III, 486, 494). Die weltgestaltende Bedeutung dieser vom römischen Staate geleiteten Auswanderungen in die Provinzen, beziehungsweise dieses römischen Colonisationssystems, das solchergestalt an die Stelle der frühern politischen Streitfrage wegen der Domänenvertheilung und Agrargesetzgebung getreten war, bestand aber darin, daß durch dieses System die moralische Unterjochung der Provinzen vollendet wurde, indem vermöge desselben große Mittelpunkte für die italische Civilisation geschaffen, römische Sitte, Sprache und Rechte wie die römische Municipalverfassung[3], diese letztere nach dem Muster Julius Cäsars für die Gemeindewesen des italienischen Gallien und Italien (706 und 709 a. u.), über die römische Welt verbreitet, auch die Römer wie die übri-

---

heutigen Frankreich, Belgien und dem westlichen Teil von Deutschland.

[1] Als Teil des römischen Reiches: Nordafrika entlang dem Mittelmeer.

[2] festsetzte.

[3] Verfassung römischer Städte.

gen italischen Bürger über die engern Grenzen Italiens hinausgelenkt wurden, endlich daß, indem man den Colonisten großentheils römisches Bürgerrecht verlieh, die auf den Charakter einer Stadtverfassung gegründete römische Republik immer unmöglicher geworden und sich solchergestalt der nothwendig gewordene Uebergang der zerrütteten Republick [sic] zur Monarchie vollzog. So wurde diese meist unter der Form der Colonisation vor sich gegangene Ein- und Auswanderung im römischen Reiche die Grundlage des mit dem Fall der Republik entstehenden italienisch-hellenischen Reichs (Mommsen, III, 519, 527). Die Colonisation vollendete die Ausgleichung und Nivellirung der Volksgeister. Auf letzterer, zunächst freilich wie auf einem großen Todtenacker dieser Volksgeister, sollte die Menschheit in dem alsbald anbrechenden Christenthum eine neue Auferstehung feiern und die römisch-germanische Welt mit höherm Geist und Leben erfüllt werden.

Auf die Völkerwanderung und die ihr folgende Gründung neuer Staatswesen auf den Trümmern des römischen Reichs ist hier nur hinzuweisen als auf die großartigste Form und Erscheinung von Ein- und Auswanderungen. Ebenso auf die Einwanderung und Niederlassung der Türken nach Eroberung von Konstantinopel (1453), wie auf jene Einwanderung der Mongolen während der ganzen zweiten Hälfte des Mittelalters und ihre Niederlassung in den weiten Länderstrecken des jetzigen europäischen Rußland. Ein- und Auswanderungen dieser Art und ihre weitere Betrachtung gehören zu sehr dem Gebiet der Weltgeschichte an, als daß sie im engem Rahmen dieses Artikels eine

Ein- und Auswanderung

Stelle finden könnten. Transplantationen[1] ganzer Völkerschaften, wie solche im Alterthum, besonders im Orient, stattfanden, wurden nur noch in Rußland zur Zeit der Iwane vorgenommen[2] (Karamsin, „Russische Geschichte", VII, 97, 424).

Von den mit bleibender Colonisation und Ansiedelung verbundenen Ein- und Auswanderungen innerhalb der neuern Staaten sind hauptsächlich diejenigen von Interesse, welche die deutsche Nation näher berühren. Waren es doch die Deutschen, welche auch nach Rußland, mit dem Ende der tatarischen Herrschaft[3] (1488) und in einer der Völkerwanderung entgegengesetzten Richtung, von Westen her, die durch die Arbeit und Kämpfe des Mittelalter in den germanischen und romanischen Ländern gewonnenen Früchte von Civilisation und geistiger Bildung vermittelt und übertragen haben, an denen theilzunehmen jenes Land durch die Mongolenherrschaft verhindert worden war.

In den gegenwärtig zum russischen Reiche gehörigen Ostseeländern fand freilich die Einwanderung deutscher Volksstämme bereits seit dem Ende des 12.

---

[1] *Wörtlich: Verpflanzungen; Umsiedlungen.*

[2] *Von Iwan I. (1328-1341) bis Iwan VI. (1740-1741).*

[3] *Die russischen Fürsten standen lange unter der Oberherrschaft der Tataren. Ende des 15 Jahrhunderts konnten sie diese abschütteln, wobei das Stehen an der Ugra 1480 der Wendepunkt war, als sich das russische und das mongolische Heer der Goldenen über Wochen gegenüberstanden, ohne zu kämpfen, bis die Mongolen aus unbekannten Gründen abzogen.*

Jahrhunderts statt, infolge deren sich daselbst deutsche Bildung auch schon während der Herrschaft des Deutschen Ordens[1] und der Schwertbrüder[2] wenigstens bei dem einflußreichsten, die Entwickelung der bürgerlichen Verhältnisse beherrschenden Theile der Bewohner festsetzte. Weiterhin zog man seit dem 16. Jahrhundert Deutsche als Künstler, Handwerker und Bergbauer, seit Peter dem Großen[3] aber für alle Geschäfte des politischen und bürgerlichen Lebens vom höchsten Staatsbeamten bis zum Ackerbaucolonisten nach Rußland hinein. Katharina II.[4] beförderte (seit 1763) die Einwanderung fremder Colonisten in die verschiedenen Gebiete ihres Reichs durch Verleihung von Grundbesitz, Bewilligung von 30 Freijahren von allen Abgaben wie von Militär- und andern Verrichtungen an den Staat. Seit Unterwerfung der Tataren in Taurien[5] (1783) wurden

---

[1] *Als Deutschordensstaat oder Staat des Deutschen Ordens wird das Territorium des Deutschen Ordens im Baltikum in der Zeit von 1230 bis 1561 bezeichnet. Der Staat umfaßte den Kern des späteren Preußens und Livland (Teile des heutigem Estlands und Lettlands).*

[2] *Der Schwertbrüderorden war ein geistlicher Ritterorden. Er wurde 1202 durch Theoderich von Treiden zur Missionierung von Livland gegründet und ging später im Deutsche Orden auf.*

[3] *Peter I., der Große (1672-1725), war von 1682 bis 1721 Zar und Großfürst von Rußland und von 1721 bis 1725 der erste Kaiser des Russischen Reichs.*

[4] *Katharina II., genannt Katharina die Große (1729-1796) war ab 1762 Kaiserin von Rußland.*

[5] *Alte Bezeichnung für die Halbinsel Krim, die Tataren sind die*

deutsche Colonien auch dort und in den angrenzenden Landschaften angesiedelt. Alexander[1] [7] gestand in der Absicht, dergleichen Colonien besonders in den südlichen Provinzen des europäischen Rußland zu vermehren (1803), allen sich hier niederlassenden Colonisten völlige Religionsfreiheit sowie Befreiung von allen Abgaben und Lasten auf 10 Jahre, dann erhebliche Erleichterung auf die nächsten 10 Jahre zu, worauf theils aus West- und Ostpreußen, theils aus Würtemberg, der Pfalz, dem Elsaß, Westfalen, Hessen und der Schweiz, sogar aus Siebenbürgen zahlreiche Einwanderungen erfolgten, deren Gesammtzahl 130000 Köpfe betragen haben soll. Aus Würtemberg besonders ließen sich viele Einwanderer in den südlichen Landschaften Rußlands nieder, von denen 1817 an 500 Familien nach Georgien übersiedelt wurden. (Vgl. Schubert, „Handbuch der allgemeinen Staatskunde von Europa", I, 157, 166 fg.) Man kann die eingewanderte deutsche Bevölkerung in Rußland, einschließlich der ältern in den Ostseeprovinzen, zur Zeit wol auf eine halbe Million veranschlagen.

Der Irrthum, daß in ältester Zeit die persönliche und dingliche[2] Abhängigkeit des Bauernstandes größer gewesen sei als später und erst allmählich abgenommen habe, ist bei der Unkenntniß der Geschichte der Agrarzustände ein sehr weit verbreiteter. Selbst in Rußland war im Gegentheil in früherer Zeit die Leibeigenschaft

---

Krimtataren, die das Gebiet bis dahin beherrscht hatten.

[1] *Alexander I. (1777-1825), Kaiser von Rußland ab 1801.*

[2] *Persönliche Freiheit und Freiheit des Eigentums.*

Anhang

nebst der Schollenpflichtigkeit[1] des Bauers größtentheils unbekannt. Dort galt vielmehr auch für diesen Stand früher Freizügigkeit. Erst der zweite Zar aus dem Hause Romanow[2], der Vater Peter's des Großen, beschränkte dies Recht der Freizügigkeit, um der dem Russen eigenthümlichen Wanderlust zu begegnen, im Interesse der Finanzen wie der Wiederbevölkerung des in dem Kriege mit Polen[3] und durch eine Pest verödeten Landes, worauf Peter der Große infolge der Bevölkerungsrevision und allgemeinen Einführung der Kopfsteuer (1718—23) den russischen Bauern den Umzug von einem Orte zum andern vollends verbot. In den Statthalterschaften von Kleinrußland[4], namentlich in der Ukraine, wurde den Bauern das Recht, ihren Aufenthaltsort beliebig zu verändern, erst entzogen, als Katharina II. durch einen Ukas vom 3. Mai 1783 verordnete, daß die Bauern zur sichern und bequemen Erhebung der öffentlichen Abgaben an dem Orte, wo sie einmal seßhaft, auch bleiben sollten. Davon macht nur die geringe Zahl der freien Bauern und der eingewanderten Kolonisten eine Ausnahme. (Vgl. Schubert, a. a. O. S. 183.)

---

[1] *Leibeigene waren an den Boden, die Scholle, gebunden.*

[2] *Alexei Michailowitsch, „der Sanftmütigste" (1629-1676), war von 1645 bis 1676 Zar und Großfürst von Rußland.*

[3] *Russisch-Polnischer Krieg 1654–1667, beendet durch den "Ewigen Frieden" von 1686. Die „linksufrige" Ukraine, östlich des Dnjepr sowie Kiew, ging in russischen Besitz über.*

[4] *Bezeichnung für die ukrainischen Gebiete (oder wenigstens den nördlichen Teil davon) innerhalb des Zarenreichs, insofern kein Oberbegriff zu „Ukraine", wie Wilhelm Lette ihn verwendet.*

Ein- und Auswanderung

Vom brandenburgisch-preußischen Staate ist der überwiegend größte Theil — mit Ausnahme nämlich der thüringischen und sächsischen Landestheile links der Elbe und der beiden westlichen Provinzen Rheinland und Westfalen — auf Einwanderung und Colonisation gegründet. Die nordöstlichen deutschen Länder, namentlich die sechs östlichen Provinzen des preußischen Staates rechts der Elbe, die Umgegenden der Oder und Weichsel bis zur Memel hin wurden im Kampfe mit der alten slawischen, wendischen und preußischen[1] Bevölkerung nach deren Unterwerfung durch die Einwanderung aus den Rhein-, Weser- und Elbgegenden, von Niederländern, Franken, Westfalen, Sachsen, Thüringern, selbst Baiern und Schwaben seitdem 11., besonders im 12. und 13. Jahrhundert durchweg colonisirt und germanisirt. In die Elbgegenden und die Mark Brandenburg erfolgte die Einwanderung der Deutschen gleichzeitig mit den Eroberungen der anhaltinischen Markgrafen[2], in Ost- und Westpreußen mit den Eroberungszügen des Deutschen Ordens, in Pommern und Schlesien mit der Ausbreitung des Christenthums und der Gründung von Bisthümern. In den östlichen Theilen des preußischen Staates, rechts der Weichsel, war die Germanisirung durch Einwanderung zu Anfang des 14. Jahrhunderts eine fast vollendete.

---

[1] *Die Prußen oder Pruzzen lebten im Gebiet des späteren Preußens und gaben diesem den Namen. Sie sprachen eine baltische Sprache, Preußisch, die mit Litauisch und Lettisch verwandt war.*

[2] *Die Askanier, auch Haus Anhalt, stellten die Markgrafen von Brandenburg von Albrecht I., „dem Bär" (um 1100-1170) bis zu ihrem Aussterben mit Heinrich II., „das Kind" (um 1308-1320).*

Anhang

(Voigt, „Geschichte Preußens", III, 362 fg.) Dieser Einwanderung vorzugsweise ist die Urbarmachung und Entwässerung der Flußniederungen, insbesondere auch der Weichsel zu danken, indem die vom Rhein dort eingewanderten Niederländer die Kunst der Bewältigung der Ströme durch Eindeichung aus ihrer Heimat mitbrachten und (wie 1141 — die nach Siebenbürgen einwandernden sogenannten Sachsen) nur den verheerenden Überschwemmungen wichen, wie sie bereits im 12. Jahrhundert bei der Bildung des Zuidersees[1] durch Einbruch des Meeres vorgekommen waren. Sogar in Polen wurden während des 13. Jahrhunderts eine Menge deutscher Colonien auf königlichen und kirchlichen Ländereien angesiedelt. (Vgl. Röpell, „Geschichte von Polen", I, 572 fg.; Riedel, „Die Mark Brandenburg im Jahre 1250" ; vgl. auch den Art. **Agrarverfassung**.) Nur in jenem Theile des preußischen Ordenslandes, welcher durch den Frieden von Thorn (1466) an die Krone Polen abgetreten wurde, überwucherte späterhin wieder das polnisch-slawische Element; außerdem hat sich in einigen Districten der Lausitz die wendische Sprache[2] aus jener Zeit erhalten, wo bei der zweiten Besiegung der Wenden nach ihrer Wiedererhebung dieselben sich in die unwirthbaren Sümpfe der Spreeniederung zurückgezogen hatten.

---

[1] *Die Zuiderzee war zunächst ein Binnengewässer. Mit Überschwemmungen im 12. bis 13. Jahrhundert wurde sie zu einer flachen Meeresbucht der Nordsee.*

[2] *Sprache der Sorben.*

Ein- und Auswanderung

Wie zu allen Zeiten die Gewährung und Sicherung von persönlicher und Eigenthumsfrei-[8]-heit neben der communalen Selbstverwaltung und späterhin auch der Religionsfreiheit eine unerläßliche Grundbedingung jeder auf Colonisation gegründeten Einwanderung gewesen ist und bleiben wird, so hatte der Deutsche Orden nach der Eroberung Preußens (1230—49) damit auch seinerseits schon begonnen, indem er die Aufhebung aller Sklaverei nebst der Gleichheit der Menschen verkündete (1249) und das aus deutscher Rechtsgewohnheit hervorgegangene Kulmische Recht[1] einführte (1232 und 1251). Ebenso erfolgte damals in andern Gebieten, welche durch die deutsche Einwanderung colonisirt und germanisirt wurden (in der Mark Brandenburg wie in Pommern und Schlesien, selbst in Polen), die Ansiedelung und Colonisation überall zu deutschem, d. h. Eigenthumsrecht und mit persönlicher Freiheit der Colonisten, sowie mit dem schon ihre Einwanderung bedingenden Rechte auf Freizügigkeit, gegen mäßige Zinsen und Verpflichtungen, behufs Urbarmachung der ihnen verliehenen Grundstücke. Als freie Männer eingewandert, blieben ihnen diese Rechte, insbesondere auch das der Freizügigkeit, durch die ersten Jahrhunderte ihrer Ansiedelung. In späterer Zeit erst erlagen diese Rechte, z. B. auch in der Mark Bran-

---

[1] *Kulmer Recht bezeichnet in übergreifender Weise das mittelalterliche Recht der durch den Deutschritterorden bestimmten Region Preußens. Es gründet sich auf zwei Rechtsdokumente: die Kulmer Handfeste und das Rechtsbuch Alter Kulm.*

denburg, der Einführung und allmählichen Ausbildung der Gutsherrlichkeit und der damit verbundenen Patrimonial- und Polizeigerichtsbarkeit von Gutsherren über bäuerliche Hintersassen in der zweiten Hälfte des 14. Jahrhunderts unter den bairischen und luxemburgischen Kurfürsten[1]. (Droysen, „Geschichte der preußischen Politik", I, 1; Riedel, a. a. O., II, 281.) Vollends erlag das Recht auf freien An- und Abzug in der Mark Brandenburg wie in Schlesien erst nach dem Dreißigjährigen Kriege der als Polizeimaßregel zur Wiederherstellung der Dörfer und der Landescultur allgemein eingeführten Erbunterthänigkeit und Schollenpflichtigkeit des Bauernstandes.

Gemäß der Entstehung des preußischen Staates gehörte auch während seiner spätern Ausbildung die Beförderung von Einwanderungen, sei es im Interesse der Population[2] oder in dem der Hebung von Gewerbe, Fabrikation oder Agricultur, zu den unwandelbaren Staatsmaximen der brandenburgisch-preußischen Regenten namentlich aus dem Hohenzollerschen Fürstenhause. Bei dieser Einwanderung wurden jene oben gedachten Grundbedingungen der Colonisation auch niemals verkannt. Vor allem ist den Einwandernden stets Religionsfreiheit sowie eine den Zeitverhältnissen entsprechende communale Selbstverwaltung zugestan-

---

[1] *Nach dem Aussterben der Askanier wurden zunächst die Wittelsbacher Herrscher von Brandenburg (1323-1373), dann die Luxemburger (1373-1415), bevor die Hohenzollern an die Macht kamen.*

[2] *Bevölkerung im Sinne von Bevölkern.*

den worden. Seit dem Regierungsantritt des Großen Kurfürsten, zu Ende des 17. Jahrhunderts[1], war das Land besonders allen denen geöffnet, welche in andern Staaten um ihrer Religion willen verfolgt und vertrieben wurden und in Preußen ein Asyl suchten. Nach Aufhebung des Edicts von Nantes (1685) unter Ludwig XIV.[2] gewann der Staat durch die Einwanderung der Hugenotten und Reformirten an 20000 neue Bürger, nachdem der Große Kurfürst Friedrich Wilhelm energisch, aber vergeblich gegen die Aufhebung jenes Edicts aufgetreten war (Schubert, a. a. O., VI, 56), und wie schon England unter der Königin Elisabeth, so erhielt hiernächst auch Preußen aus jenen französischen Refugiés[3] und den aus den vereinigten Niederlanden Einwandernden viele gewerbreiche, fleißige Familien. Es nahm der König Friedrich I. über 2000 Pfälzer und einige hundert Schweizerfamilien auf, sodann der König Friedrich Wilhelm I.[4] 1708—10 zur Herstellung des durch die Pest verwüsteten Litauen[5] und zur Bevölkerung der von

---

1 *Friedrich Wilhelm von Brandenburg (1620-1688) war ab 1640 Markgraf von Brandenburg, Erzkämmerer und Kurfürst des Heiligen Römischen Reiches und Herzog in Preußen.*

2 *Ludwig XIV. (1638-1715), genannt „der Sonnenkönig" war von 1643 bis zu seinem Tod König von Frankreich und Navarra.*

3 *Flüchtlinge.*

4 *Friedrich Wilhelm I. (1688-1740), der „Soldatenkönig", war von 1713 bis zu seinem Tod König in Preußen und Markgraf von Brandenburg und Erzkämmerer und Kurfürst des Heiligen Römischen Reiches.*

5 *Preußisch-Litauen bezeichnete das mehrheitlich von einwan-*

ihm urbar gemachten und entwässerten litauischen Landstriche (mit einem Kostenaufwande von mehr als 6 Mill. Thlr.) Colonisten aus Franken, Schwaben, der Wetterau, aus Nassau, der Pfalz und der Schweiz, durch welche 6 neue Städte, 332 Dörfer, 11 neue Kirchspiele und 49 Domänen und Kammergüter[1] gegründet wurden. (Baczko, „Geschichte Preußens", VI, 416 fg.) Derselbe König gewann, gleichfalls für Litauen (1732), 15500 Salzburger, die der Fanatismus des dortigen Erzbischofs nach harter Glaubensbedrängung aus ihrer Heimat vertrieb. Noch weit zahlreichere Einwanderer zog der große König Friedrich II.[2] in das Land nach Entwässerung und Urbarmachung des Oder-, Warthe- und Netzbruchs, des Rhin- und Dossebruchs, sowie anderer Sümpfe und Moräste auch in Pommern und Preußen während der ersten Hälfte seiner Regierung wie nach dem Siebenjährigen Kriege[3] aus dem sächsischen Voigtlande, aus der Pfalz, aus den Landschaften am obern und mittlern Rhein, aus Würtemberg, Thüringen und der Schweiz, welche sich theils als Acker-

---

dernden Litauern besiedelte Gebiet im Nordosten von Ostpreußen.

[1] *Ein Kammergut (auch Kameralgut) war ein Teil des Landes, über den der Landesfürst unmittelbar verfügte, ähnlich wie eine Domäne.*

[2] *Friedrich II., der Große (1712-1786) war ab 1740 König in und ab 1772 König von Preußen sowie Kurfürst von Brandenburg.*

[3] *Im Siebenjährigen Krieg (1756–1763) kämpften Preußen und Großbritannien/Kurhannover gegen Österreich, das Heilige Römische Reich, Frankreich und Rußland.*

bauer auf den ausgetrockneten Sümpfen der Flußniederungen, theils als Wollspinner und Fabrikarbeiter in verschiedenen Theilen des Landes ansiedelten. Durch
Friedrich's II. Colonisationen wurden an 600 neue Dörfer und Vorwerke in den erst urbar gemachten Landstrichen und an 43000 Familien aus den verschiedenen
deutschen Ländern angesiedelt, wenn mitunter auch die
Absicht des großen Königs, die Zahl der freien Eigen-
thümer in seinem Lande zu vermehren, vereitelt wurde,
wie es z. B. bei einer Mehrzahl der in Pommern gegen
Entschädigung der Gutsherren durch einige Millionen
Meliorationsgelder[1] auf ihren [9] Territorien angesiedel-
ten Bauern durch spätere Wiedereinziehung dieser Me-
liorationshöfe[2] seitens der Gutsherren geschah. (S. hierüber die Einleitung, S. 78, Thl. I, in Lette und von
Rönne, „Die Landesculturgesetzgebung des preußischen Staatess", 1853, und die Allegate[3].)

Wenn auch weniger zahlreich, so kamen doch noch
unter den spätern Regierungen neue Einwanderer ins
Land, aus Anhalt, Hessen-Darmstadt und Würtemberg,
ferner aus Steiermark und Tirol. Denn schon seit der
Gründung des Jesuitenordens ist durch die von demselben geleitete Gegenreformation[4] in den damals gro-

---

[1] *Eine Melioration ist eine Verbesserung, hier des Bodens, etwa
durch Eindeichung, Trockenlegung oder Urbarmachung.*

[2] *Subvention für Meliorationen.*

[3] *Verweise.*

[4] *Als Gegenreformation bezeichnet man die theologische und
politische Reaktion der katholischen Kirche auf die Reformation.*

ßentheils evangelisirten österreichischen Staaten die ihrem Glauben treue evangelische Bevölkerung zur Auswanderung gedrängt worden. Österreich und dessen Regenten aus dem Hause Habsburg befolgten seit je eine der preußischen in beiderlei Beziehung entgegengesetzte Staatsmaxime, die Politik sowol der Auswanderung als wie die der Unterdrückung der Religionsfreiheit ihrer Unterthanen, jene aber nicht etwa als Colonialpolitik, sondern allein im Interesse der letztern.

In Bezug auf die innere Colonisation muß hier aber einer durchaus irrigen Vorstellung begegnet werden, nämlich der, daß bei Begünstigung der Einwanderung durch Freijahre von Steuern und Militärdienst, selbst durch Vorschüsse von Geld, Saat- und Brotkorn u. s. w. sofort auch überall der Wohlstand in die Hütten der neuen Ansiedler einziehen werde. Im Gegentheil ist es eine nicht seltene Erfahrung, die auch dem großen Könige Friedrich bei seinen Colonisationen, zumal in jenen Landstrichen nicht erspart wurde, welche von den neuen Ansiedlern erst urbar gemacht werden sollten, daß häufig der ursprüngliche Anbauer, oft sogar noch eine zweite und dritte Generation zu Grunde geht, den Besitz aufgibt oder wenigstens ein kümmerliches Dasein unter Anstrengung und Noth fristet, wogegen vielmehr sehr oft die Vortheile der Colonisation erst ihren Besitznachfolgern und spätern Generationen zu statten kommen. Verhält es sich doch mit einer Mehrzahl von Ansiedelungen jenseit des Weltmeers nicht anders. Es würden die Auswandernden hier wol eine noch bessere Existenz in dem alten Heimatlande gewinnen können, wenn sie gleiche Entbehrungen und Anstrengungen daran setzen und, wie sie es dort müssen, hier freiwillig auf anerzogene Vorurtheile und Gewohnheiten verzichten wollten.

Während in Preußen zu allen Zeiten die Politik der Einwanderung bestand, faßte nur einmal der Große Kurfürst Friedrich Wilhelm, angeregt durch seine nahen Verbindungen mit Holland und England, den Gedanken, eine Colonie auf der südafrikanischen Küste zu gründen; er gab jedoch dies Unternehmen nach einigen Jahren wieder auf.[1]

Der dem preußischen Staate eigenthümlichen, vorzugsweise von diesem Staate ausgebildeten und befolgten Politik der Einwanderung und innern Colonisation entsprach es, wenn König Friedrich Wilhelm I. (1721) andererseits jede Auswanderung verbot, sogar die Verleitung eines Bauern zu derselbe mit Todesstrafe bedrohte, hingegen auf die Einfangung eines Emigranten eine Belohnung bis zu 200 Thlrn. setzte, und ähnliche Verbote, welche dem System des absolut-monarchischen Polizeistaates entsprechen, erließ man im vorigen Jahrhundert auch in andern deutschen Ländern

---

[1] *Die kurzlebigen brandenburgischen Kolonien waren:*

- *Groß Friedrichsburg (im heutigen Ghana) von 1683 bis 1718*
- *Arguin (im heutigen Mauretanien) von 1685 bis 1721*
- *St. Thomas (heute Teil der Amerikanischen Jungferninseln) von 1685 bis 1720*
- *Krabbeninsel (heute ein Teil von Puerto Rico) von 1689 bis 1693*
- *Whydah (im heutigen Benin) um 1700.*

(Roscher, I, 517, 519). Schon gestattete indeß das Allgemeine preußische Landrecht von 1794 (Thl. II, Tit. 17, Abs. 2, §. 127 fg.) auch die Auswanderung, freilich nach vorausgegangener Anzeige und eingeholter Erlaubniß, in der Regel auch nur gegen Entrichtung des sogenannten Abfahrtsgeldes, einer Abgabe, die übrigens seit dem 16. Jahrhundert, zuerst als Ausfluß der Vogtei[1] und Schutzherrlichkeit[2], später als Regal[3], dergleichen jedoch auch einer Guts- oder Gerichtsherrschaft zustehen konnte, sehr allgemein war. (Eichhorn, „Einleitung in das deutsche Privatrecht", vierte Auslage, 1836, §. 77, S. 229 fg.)

Im Gegensatz zu der innern Colonisation Preußens verfolgten andere europäische Staaten, an ihrer Spitze England, seit länger als drei Jahrhunderten eine auf Auswanderung, dabei aber zugleich auf auswärtige Colonisation gerichtete Politik. Wenn, dieser englischen Politik entgegen, der Stuart Karl I.[4] ein Verbot der Auswanderung (1637) erließ, so rächte sich das an ihm selbst, indem dadurch Cromwell und Hampten[5] im

---

[1] *Ein Vogt war ein Beamter, der einen Feudalherrscher in einem Gebiet vertrat.*

[2] *Eigenschaft, ein Schutzherr zu sein.*

[3] *Hoheitsrecht oder Privileg.*

[4] *Karl I. (1600-1649) war König von England, Schottland und Irland. Seine absolutistische Politik löste den englischen Bürgerkrieg aus, der mit Karls Hinrichtung endete.*

[5] *Oliver Cromwell (1599-1658) und John Hampden (1594-1643) waren Führer der Parlamentsseite gegen Karl I. Cromwell be-*

Lande zurückgehalten wurden. Es unterscheidet sich
inzwischen die englische Colonialpolitik jedenfalls nach
ihrer spätern und neuern Gestalt von der der romanischen Staaten wesentlich dadurch, daß England seine
Colonien durch Selbstverwaltung und Repräsentativver-
fassung zur Selbständigkeit und Unabhängigkeit vom
Mutterlande heranbildet (vgl. von Holtzendorff, „Das
staatsrechtliche Abhängigkeitsverhältnis zwischen England und seinen Colonien", 1859), wogegen die romanischen Staaten die ausgedehnteste materielle und geistige
Abhängigkeit der Colonien vom Mutterlande stets als
Princip befolgt und bis zuletzt festgehalten haben. (Vgl.
z. B. Gervinus, „Geschichte des 19. Jahrhunderts", III,
25 fg. u. a. a. O.) Auch dem französischen Charakter
und Staatswesen mangelte die zum Gedeihen von Colonisationen nöthigen Eigenschaften. [10]

Lagen auch in Großbritannien den frühesten Auswanderungen, durch welche die Neue Welt der Cultur
und Civilisation erschlossen wurde, nicht sowol Han-
delsinteressen als vielmehr religiöse und politische Parteiungen zu Grunde, so hat doch England niemals, wie
es Spanien that, die Einwanderung in seine Colonien
durch Beschränkungen der Freiheit von Person und
Glauben gehindert. Denn sogar jener Stuart Jakob II.,
der im Mutterlande seinen religiösen Fanatismus mit
dem Verluste des Throns büßte[1], gestand allen kirchli-

---

trieb insbesondere die Hinrichtung des Königs.

[1] *Jakob II. (1633-1701) war König von England, Schottland und Irland. Wegen seiner prokatholischen Politik wurde er in er Glorreichen Revolution 1688/1689 abgesetzt.*

chen Sekten, die auf nordamerikanischem Boden eine Zufluchtsstätte suchten und fanden, volle politische Gleichstellung und das in deren deutschem wie englischem Vaterlande versagte Recht des öffentlichen Gottesdienstes zu. Der von William Penn[1] infolge Verleihung Jakob's II. (1681) auf vollste Glaubensfreiheit und Gleichberechtigung aller Bewohner gegründete neue Staat wurde fortan auch für die nach voller Religionsfreiheit sich sehnenden Deutschen Anziehung und Mittelpunkt der Auswanderung, seitdem überdies ein Deutscher (Pastorius[2] aus Franken, 1685) dort Städte einrichtete nach dem Muster der deutschen Freistädte[3], die (1708 fg.) denjenigen dem Elende nicht erlegenen Theil von 30000 Deutschen aufnahmen, welche infolge der Verwüstung der Pfalz und anderer deutscher Grenzlande durch die Barbarei eines Ludwig XIV. und

---

[1] *William Penn (1644-1718) war ein Quäker (Society of Friends), der wegen seines Glaubens in England verfolgt wurde und in den 1670ern den Plan für eine Siedlung in der Neuen Welt ausarbeitete, wofür er Siedler auch in Deutschland warb. König Karl II. machte ihn 1681 zum Gouverneur eines Gebietes, das heute Pennsylvania und Delaware umfaßt. Zu Ehren seines Vaters wurde das Land Pennsylvania genannt. Im selben Jahr gründete William Penn zudem Philadelphia.*

[2] *Franz Daniel Pastorius (1651-1719) war ein deutscher Jurist, der 1683 mit einer Gruppe von deutschen Mennoniten, Quäkern und Reformierten nach Amerika zog und die Stadt Germantown gründete. Er gehörte zu den Unterzeichnern des ersten Protests in Amerika gegen die Sklaverei.*

[3] *Eine Freistadt ist keinem Herrscher unterworfen.*

seiner Turenne[1] und Louvois[2] unter der Königin Anna[3] nach England und von dort nach Amerika auswanderten.

Andere Motive liegen jetzt der seit kaum einem Jahrzehnd so ungeheuer zunehmenden, von der englischen Regierung beförderten Auswanderung aus Irland zu Grunde, durch welche dem in weit zurückliegenden Ursachen begründeten Elende der irländischen Bevölkerung wirksam begegnet wird. Durch diese Auswanderung hat daselbst die bettlerhafte Bevölkerung von Parcellenpächtern[4], die bei jedem Misrathen der Kartoffelernte wie beim Verlust ihres einzigen Schweins dem Verhungern preisgegeben war, in der auffallendsten Weise abgenommen. Denn während man in Irland (an 1525 Quadratmeilen) 1845 etwa 905015 einzelne und 25789 gemeinschaftliche Pächter, im ganzen 936235 Pachtungen, größtentheils von sehr geringem, zum Le-

---

[1] *Henri de La Tour d'Auvergne, Vicomte de Turenne (1611-1675) war Marschall von Frankreich. Bei seinem Feldzug in Deutschland verwüstete er die Pfalz.*

[2] *François Michel Le Tellier, Marquis de Louvois (1641-1691) war französischer Kriegsminister von 1666 bis 1691.*

[3] *Anna Maria Mauricia von Spanien, genannt von Österreich (1601-1666) war eine spanisch-portugiesische Infantin und Erzherzogin von Österreich sowie ab 1615 Königin und von 1643 bis 1651, als Mutter des noch minderjährigen Ludwig XIV., Regentin von Frankreich.*

[4] *Parzellen sind kleinere Landstücke, in die ein größeres Gut aufgeteilt ist.*

bensunterhalt einer Familie nicht ausreichendem Um-
fange (z. B. 135314 unter einem Acre[1], 181950 zu 1—5
Acres) zählte, gab es daselbst 1852 und 1856 nur etwa
noch 600000 Pächter. Es hat die Verminderung hauptsächlich jene kleinen Parcellenpächter getroffen (oben
gedachte beide Klassen waren schon 1852 resp. auf
35058 und 81561 herabgegangen), wogegen sich die
Zahl der größern Pachtungen erheblich vermehrt,
überhaupt aber der Wohlstand des Landes gehoben hat.
(S. Roscher, II, 143, auch bei Lette, „Vertheilung des
Grundeigenthums", 1868, die Allegate S. 63 und 65.)

Im Anschluß an diese Betrachtungen über Ein- und
Auswanderung darf eine andere damit und zugleich mit
der Freizügigkeit zusammenhängende Erscheinung in
der Bewegung der Bevölkerungen nicht unerwähnt
bleiben. Es ist dies die periodische Wanderung von Arbeitern und ganzen Arbeiterklassen, wobei dieselben
auf kürzere oder längere Zeit zwar den Aufenthaltsort
wechseln, jedoch den Heimats- und Wohnort beibehal-
ten. Dabei ist nicht zu übersehen, daß sich die Menschen im allgemeinen schwer zum Aufgeben einer gewohnten Heimat, besonders aber zum völligen Verlassen des Vaterlandes entschließen, daß überdies der
Wechsel des Domicils fast überall noch auf diese oder
jene Beschränkungen und Erschwerungen der Freizügigkeit und Niederlassung stößt. Jedoch kommen Districte, in denen eine zahlreiche Arbeiterbevölkerung
angehäuft ist und zusammenlebt, welche allerdings innerhalb eines solchen enger begrenzten Districts nicht
genügenden Arbeitsverdienst zu ihrem und der Ihrigen

---

[1] *Etwa 4047 Quadratmeter Fläche.*

Unterhalt findet, diesen Verdienst daher in entferntere Gegenden aufsucht, wo die Arbeitskräfte vorübergehend oder regelmäßig in gewissen Jahresperioden gebraucht werden, in allen größern Ländern vor. Es gehört kaum hierher, wenn aus Irland Tausende von Arbeitern, unbeschadet der überseeischen Auswanderung, in die ländlichen wie besonders in die Fabrikgegenden Englands einströmen. Zeichnen sich die Arbeiter gewisser Districte und Gegenden durch besondere Geschicklichkeit aus und besitzen sie für einen gewissen Beruf eine vorherrschende Neigung oder Bildung, so entfernen sie sich auch wol auf viele Jahre von ihrer Heimat, um erst später mit dem in der Fremde erworbenen Vermögen zurückzukehren und andern Heimatsgenossen ihre Stelle im fremden Lande zu überlassen. Letzteres ist z. B. bei den in ganz Europa zerstreuten schweizer Konditoren der Fall. Das andere, die Wanderung für kürzere Zeiten und übliche Arbeitsperioden, findet vielfach statt zum Zweck des Einbringens der Ernte, bei Chaussee[1]- und Eisenbahnbauten, bei größern Meliorationsunternehmungen, bei der Bestellung solcher Gewächse, die, wie der Flachs und Hanf oder die Zuckerrübe, eine durch die ganze Frühjahrs- und Sommerperiode hindurchgehende wiederholte Bearbeitung fordern. Es gehören dahin ferner die Ziegelstreicher aus [11] Lippe-Detmold oder Belgien, die Maurer aus Lothringen und es waren eins der bekanntesten Beispiele dieser Art die Hollandsgänger im Osnabrücki-

---

[1] *Eine Chaussee ist eine gut ausgebaute Landstraße, für deren Benutzung je nachdem ein Chausseegeld zu entrichten ist.*

schen[1]. (Vgl. über letztere Justus Möser, „Patriotische
Phantasien", I, 14 fg.; sodann über die verschiedenen,
in allen Ländern, in Rußland, Frankreich, selbst in Afrika vorkommenden Massen solcher wandernden Arbeiter: W. Roscher, „Grundlagen der Nationalökonomie",
zweite Auflage, Anmerkungen zu S. 177.) Dergleichen
periodische Wanderungen verschiedener Arbeiterklassen, welche übrigens keineswegs auf einer vielmehr dem
Deutschen durchaus fremden Neigung zur Va-
gabondage beruhen, führen, häufig zur wirklichen Einwanderung und Ansiedelung an denjenigen Orten, wo
die Arbeit schon bisher ihren Markt fand, insbesondere
alsdann, wenn Industrie, Fabrikation, Cultur[2] und Kapital sich an diesem Orte mehr und mehr verbreiten und
festsetzen und deshalb ein dauerndes Bedürfniß solcher
Arbeitskräfte begründet wird. Jedenfalls ist im allgemeinen jedoch die bleibende Ansiedelung jenen periodi-
schen Wanderungen der Väter und Mitglieder von Familien vorzuziehen, indem dergleichen Wanderungen
häufig zur Zerrüttung des Familienlebens hinführen,
dem von den Seinigen entfernten Arbeiter zu Unord-
nungen und Mehrausgaben Veranlassung geben und so
den für die Familie zu erübrigenden[3] Rest des Arbeits-
verdienstes schmälern. Daher lag z. B. bei der Beförderung der Einwanderung im preußischen Staate zur Zeit

---

[1] *„Hollandgänger" waren Wanderarbeiter aus Deutschland, die
von etwa ab 1650 bis 1914 saisonal in der Niederlande arbeite-
ten.*

[2] *Landwirtschaft.*

[3] *ersparten.*

Ein- und Auswanderung

König Friedrich Wilhelms I. wie Friedrichs des Großen mehrfach die Tendenz zu Grunde, diejenigen Arbeiterklassen im Lande anzusiedeln und zu fixiren[1], welche nach den obwaltenden Verhältnissen mehr oder weniger dauernd gebraucht wurden. So siedelte Friedrich der Große die voigtländischen Erntearbeiter in der Nähe von Magdeburg, die voigtländischen Bauarbeiter aber in einer Vorstadt Berlins an.

Was früher durch Regierungsmaßregeln nach dem damaligen Systeme einer bevormundenden Leitung der gewerblichen Verhältnisse geschah, das bewirkt nach reifern volkswirthschaftlichen Grundsätzen freilich aber nur bei unbeschränkter Niederlassungs-, Anstellungs- und Einwanderungsfreiheit, das Verkehrsleben und wirthschaftliche Bedürfniß der Völker von selbst. Zu dieser Beziehung dient die bemerkenswerthe Thatsache zur Bestätigung, daß in denjenigen Districten, resp. Kreisen des preußischen Staates, in welchen neuerlich Bergbau und Hüttenindustrie einen so mächtigen Aufschwung genommen hatten, die Volkszahl in dem kurzen Zeitraum von 1855—58, von der vorletzten bis zur letzten Zählung, also innerhalb der letzten drei Jahre, in außerordentlicher Weise gewachsen ist; so in dem Kreise Beuthen in Oberschlesien von 106000 auf 134000, in den Kreisen Rybnik und Pleß ebendaselbst von 124000 auf 134600, in den Kreisen Essen und Duisburg auf dem linken Rheinufer von 140000 auf 163000, im Kreise Dortmund in Westfalen von 69800 auf 82500 Seelen, und zu dieser Vermehrung der Volkszahl durch Einwanderung lieferten nicht etwa blos die preußischen

---

[1] *festzuhalten.*

Provinzen, sondern verschiedene andere, besonders auch deutsche Staaten ihren erheblichen Beitrag. Wo Arbeitskräfte nöthig, wo angemessene Arbeitslöhne angeboten und wo die sonstigen Nahrungsbedingungen vorhanden sind, da gründen auch die Menschen im eigenen wohlverstandenen Interesse lieber dauernd eine Heimat und Niederlassung, sofern sie nur nicht durch eine verkehrte Gesetzgebung daran gehindert werden.

Dergleichen gesetzlich bestehende Hindernisse und Erschwerungen der Niederlassung finden sich freilich aber noch in einer Mehrzahl von deutschen Staaten, und in diesen Hindernissen und Erschwerungen hat die deutsche Auswanderung einen wesentlich mitwirkenden Grund. Das deutsche Volk kam bei der Vertheilung der neuen Continente zu spät. Die romanischen Völker, die Spanier, Portugiesen und Franzosen, wie die Holländer und die Engländer hatten in Amerika, in West- und Ostindien weite Landstrecken in Besitz genommen, als die deutsche Auswanderung begann, zuerst vereinzelt (1608) bei der Ansiedelung Virginiens unter der englischen Elisabeth[1], dann in größerer Zahl im zweiten Drittel des 17. Jahrhunderts im heutigen Staate Neuyork, damals noch unter holländischer Herrschaft, ferner in der nach dem Plane Gustav Adolfs[2] von seinem Kanzler Oxenstierna[3] (1633 fg.) gegründeten

---

[1] *Elisabeth I. (1533-1603), Königin von England und Irland.*

[2] *Gustav II. Adolf (1594-1632) war König von Schweden, einer der Hauptakteure während des Dreißigjährigen Krieges und sicherte die Vorherrschaft Schwedens in Nordeuropa.*

[3] *Graf Axel Gustafsson Oxenstierna af Södermöre (1583-1654)*

schwedisch-deutschen Colonie von Lutheranern am Delaware. (Vgl. Löher, „Geschichte und Zustände der Deutschen in Amerika", Göttingen 1855 ; ferner die Aufsätze: „Die deutsche Auswanderung", in den von Haym herausgegebenen „Preußischen Jahrbüchern", II, 389 fg. und 482 fg.) Der deutsche Auswanderer muß sich deshalb überall beim Aufsuchen einer neuen Heimat jenseit des Meeres fremder Botmäßigkeit[1] unterwerfen; man thut ihm nur die Ehre an, ihn als den brauchbarsten Männer für Urbarmachung und Civilisation zu betrachten. Er aber entbehrt des wirksamen staatlichen Schutzes eines durch gemeinsame Verfassung, gemeinsame Diplomatie, Heeresmacht und Marine kräftigen Mutterlandes. [12]

Zu den religiösen Motiven der deutschen Auswanderung sind politische, noch mehr aber ökonomische hinzugetreten. Insbesondere findet seit 1816, massenhafter seit 1817 und 1818 eine regelmäßige jährliche Auswanderung nach den überseeischen Ländern statt und zwar in weit überwiegender Zahl nach Nordamerika, sodann nach dem britischen Amerika[2], ferner im letzten Decennium[3] nach den seit kurzem in gewaltigem Aufschwunge erblühenden englischen Colonien in Australien[4]; in bei weitem geringerer Zahl nach den vom

---

war ein schwedischer Reichskanzler.

[1] *Herrschaft.*

[2] *Hauptsächlich wohl Kanada.*

[3] *Jahrzehnt.*

[4] *Australien als Einheit gab es zu der Zeit nicht, sondern nur*

spanischen Mutterland losgerissenen Freistaaten[1] von Südamerika, hierher am meisten noch nach Buenos Ayres und Chile, auch, zum Verderben der deutschen Auswanderer, nach Brasilien, wo in Ermangelung aller Sicherheit des Eigenthums und der Besitztitel, die deutsche Colonisation nur im egoistischen Interesse der großen Grundbesitzer dazu dienen soll, die theurern schwarzen Sklaven (deren Einfuhr verboten ist[2]) zu ersetzen, wo der deutsche Einwanderer, selbst mit Weib und Kindern, vermöge des misbrauchten Halbpacht- oder Parceriasystems durch Schulden in eine der Sklaverei nicht unähnliche Abhängigkeit herabgedrückt wird. (S. Davatz, „Die Colonisten in der Provinz San-Paulo in Brasilien", Chur 1858; des Geh. Rath Kerst, wie des frühern brasilischen Generalconsuls Sturz verschiedene Aufsätze über diesen Gegenstand und den Aufsatz: „Die deutsche Einwanderung" in den „Preußischen Jahrbüchern" II, 487 fg. und 500 fg.)

Die Zahl der aus Deutschland nach überseeischen Ländern im letzten Decennium Ausgewanderten stellt sich, soweit darüber Nachweisungen bekannt geworden, wie folgt:

---

mehrere Kolonien wie etwa New South Wales, Queensland, usw.

[1] *„Freistaat" bedeutet hier einfach Republik.*

[2] *Als erstes Land verbot Dänemark ab 1803 den Sklavenhandel über den Atlantik, 1807 dann Großbritannien und 1808 die USA (aber beide noch nicht die Sklaverei selbst). Großbritannien drängte beim Wiener Kongreß 1815 auf ein allgemeines Verbot des Sklavenhandels.*

Ein- und Auswanderung

1847	auf	109531	1853	auf	157180
1848	„	81895	1854	„	251931
1849	„	89102	1855	„	81698
1850	„	82404	1856	„	98573
1851	„	112547	1857	„	115976
1852	„	162301	1858	„	56240,

wobei die Beförderung durch deutsche Schiffahrt aus deutschen Seehäfen (Hamburg und Bremen) im aufsteigenden Verhältnis, innerhalb der oben gedachten Zeit von beinahe 32 bis auf beinahe 62 Proc. zunahm. (Vgl. dieserhalb, auch wegen der Auswanderungen in den Jahren vor 1847, die Zusammenstellungen in Hübner's „Jahrbüchern für Volkswirthschaft und Statistik", Jahrgang 1—6.)

Die Summe des von den Auswanderern mitgenommenen baaren Kapitalvermögens wird, vielleicht etwas zu hoch, auf durchschnittlich 20—30 Mill. pro Jahr veranschlagt (Roscher, I, 528). Größer aber ist der Verlust an tüchtigen Arbeitskräften zu veranschlagen, deren man vielmehr in der Mehrzahl deutscher Länder beim Fortschritt von Landcultur wie von Industrie noch sehr bedarf. Entbehrlich sind sie nur in solchen einzelnen Staaten, in welchen eine gegentheiligs[1] verhältnißmäßig

---

[1] *im gegenteiligen Falle.*

geringe Bevölkerung nur durch polizei- und feudalstaatliche Institutionen, als[1] Zunftzwang, Geschlossenheit der Grundstücke und Beschränkungen der Freizügigkeit wie der Niederlassung, und sonstige Hemmnisse der natürlichen und bürgerlichen Freiheit am Erwerbe und an der Begründung einer gedeihlichen Lebensexistenz gehindert ist. Denn selbst die Nomadenstämme verfallen bei noch so weiter Ausdehnung ihres Territoriums und noch so geringer Menschenzahl von Zeit zu Zeit der Hungersnoth und suchen alsdann Rettung in blutigen Bürgerkriegen, durch welche ein Theil der dünnen Bevölkerung vertilgt wird, damit nur die Heerden der übrig bleibenden wiederum die nöthige Weide finden (vgl. dieserhalb z. B. die „Zeitschrift für allgemeine Erdkunde" von K. Neumann, Neue Folge, 1857, II, 3, S. 276), wogegen in den fortschreitenden Culturstaaten durch die Arbeit wiederum neue Arbeit erzeugt wird und die dichteste Bevölkerung in der Regel auch die wohlhabendste ist. Vielleicht wäre auf der bekannten Erde allein ein Theil Chinas auszunehmen. „Die Dichtigkeit der Bevölkerung ist nicht blos ein Kennzeichen bedeutender und stark benutzter Productivkräfte, sondern schon an sich selbst eine Productivkraft und hochwichtig als Reiz- und Hülfsmittel zur Benutzung aller übrigen" (Roscher, a. a. O., I, 508). Wenn innerhalb der legten 30 Jahre die Volkszahl in Preußen um 45, in England sogar um 47 Proc. zugenommen hat, so haben sich doch erwiesenermaßen andererseits auch die Mittel und Bedingungen der Ernährung jener progressiv gewachsenen Volkszahl fortschreitend in noch höherm

---

[1] *wie beispielsweise.*

Grade vermehrt (Roscher, I, 511). Es besteht aber in England keine gesetzliche Beschränkung oder Erschwerung der Freizügigkeit. Dasselbe galt bis zur neuern Zeit im wesentlichen auch von Preußen, dessen Gesetzgebung in Betreff der Freiheit des An- und Abzugs wie der Ansiedelung und Niederlassung innerhalb des Staatsgebiets, einiger im letzten Decennium eingeführten Beschränkungen ungeachtet, doch auch jetzt noch wenigstens in Deutschland zu den freiesten gehört. [13]

Eine künstliche Beförderung der Auswanderungen hat, soviel bekannt, nur in einem deutschen Lande, in Baden, und zwar nur während der Jahre 1848—54, mittels Regierungsunterstützung und auf Kosten einzelner Gemeinden, zur Entbürdung[1] dieser letztern von der Armenpflege und zur Herstellung des Gleichgewichts zwischen Erwerbsgelegenheit und Population, stattgehabt, nachdem in den Jahren 1846 und 1847 Miswachs und Theuerung die Noth und damit die Neigung zur Auswanderung gesteigert hatten, auch die politische Bewegung und in Baden die Revolution der Jahre 1848 und 1849 hinzutrat. Es wanderten bis 1854 (bei einer Bevölkerung von 1,315000) etwa einige sechzigtausend aus, wovon etwa die Hälfte der ackerbautreibenden Masse angehörte. Seit 1854 hörte die öffentliche Unterstützung auf und verminderte sich die Auswanderung wieder sehr erheblich. Nicht mit Unrecht aber ist Motiv und Erfolg jener Regierungsmaßregel bezweifelt. (Hübner, V, 2, S. 69 fg.)

---

[1] *Entlastung.*

Anhang

Doch war auch in Würtemberg, wo sich die Bevölkerung seit 1817 verdoppelt hatte, die Auswanderung in den Jahren 1851—54 zumeist in Veranlassung von Misernten beim Weinbau wie in den Kartoffeln und Feldfrüchten, bei der dortigen Zertheilung des Grundbesitzes, eine ungewöhnlich starke. Die Auswanderung stieg von etwa 5000 im Jahre 1851—62 auf etwa 13000 und 1854 über 21000, bei 1,783000 Einwohnern, fiel aber auch 1856 wieder auf 4700. (Hübner, III 46; V, 2, S. 127; Tübinger Zeitschrift für die gesammte Staatswissenschaft, IX, 1, 2, S. 183 fg. ; 3, 4, S. 415 fg.; X, 123 fg. und XII.)

Über Kurhessen fehlen genauere statistische Nachrichten. Es ist aber eine bekannte Thatsache, daß viele wohlhabende Familien das politisch niedergedrückte[1], in Bezug auf seine Industrie wie auf seine gewerblichen Gesetze und Einrichtungen völlig stationär[2] gebliebene Land verlassen haben. Auch wanderten aus einzelnen ländlichen Ortschaften fast alle Bewohner aus, deren Höfe daselbst mit den Gutsländereien vereinigt wurden, und dies trotz der erlassenen Regierungsmaßregeln zur Beschränkung der Auswanderungen.

---

[1] *Beim kurhessische Verfassungskonflikt 1850 versuchte Kurfürst Friedrich Wilhelm die Verfassung zu übergehen, erntete dafür aber massiven Widerstand der Bevölkerung und sogar seiner eigenen Justiz. Auch das Militär stand nicht für Unterdrückung bereit. Es war (ungewöhnlich in Deutschland) auf die Verfassung und nicht den Fürsten vereidigt, und so nahmen fast alle Offiziere ihren Abschied. Kurfürst Friedrich Wilhelm konnte sich nur durch den Einsatz von vor allem bayrischen Truppen („Strafbayern") halten.*

[2] *ohne Entwicklung.*

Ein- und Auswanderung

Vorzugsweise zahlreich ist die Auswanderung ferner in Baiern. Dort schwankte sie während des Zeitraums von 1844—51 per Jahr zwischen 8000, 9000, 10000, 11000, 13000 bis 15395 (bei einer Gesammteinwohnerzahl von 4,542000 und höchst unbedeutender Einwanderung). Die heimliche Auswanderung erreichte oder überstieg zum Theil die concessionirte[1]. Man betrachtete aber dort die Auswanderung unter dem Gesichtspunkt eines für die Gewerbsamkeit des Landes vielmehr günstigen Ereignisses. Nur versuchte neuerlich (1854) eine ministerielle Verordnung (nicht ein Gesetz) dieselbe, zumeist aus Rücksicht auf die Militärpflichtigkeit, erheblich zu erschweren. (Hübner, a. a. O., III, 302 fg.; V, 2, 58 fg.)

Vor allen andern deutschen Ländern thut sich aber Mecklenburg-Schwerin durch die wachsende Zahl seiner Auswanderer besonders im letzten Decennium hervor. Im Jahre 1853 betrug seine meist überseeische Auswanderung (bei 543000 Einwohnern) über 6000, 1858 sogar über 8000 Seelen. Wenn in andern einzelnen Jahren weniger, so wanderte doch stets der kräftigste Theil der Bevölkerung aus, wovon fast zwei Drittel dem Ackerbau angehörten. Von den drei Gruppen der Landeseintheilung nahmen daran die Städte durchschnittlich mit etwas mehr als 11 Proc., die Domänen desgleichen mit circa 30 Proc., hingegen die ritterschaftliche Güter und Orte mit mehr als 58 Proc. theil. In letztern

---

[1] *Die offizielle Begründung für eine Konzessionierung von Auswanderungsagenten war der Schutz der Auswanderer vor unseriösen Angeboten. Dies konnte aber auch ein Vorwand sein, um die Auswanderung zu hemmen.*

nimmt die Bevölkerung bei einer so starken Auswanderung von jährlich circa 1,8 Proc. ab und fast stationär
blieb sie in den Domänenortschaften. Zur überseeischen Emigration auf hamburger Schiffen lieferte
Mecklenburg-Schwerin eine Zeit lang beinahe den vierten Theil. Und in diesem im ganzen so fruchtbaren
Lande (von 240 Quadratmeilen mit 543000 Seelen),
welches Getreide und Vieh im Überfluß producirt,
wohnen auf der Quadratmeile[1] nur 2380 Menschen.
(„Archiv für Landeskunde in den Großherzogthümern
Mecklenburg", Jahrgang 1857, S. 453, 454 und 503 fg.;
auch Hübner, II, 168 fg.; III, 301; V, I, S. 289; 2, S. 120.
Siehe ferner den Vortrag von Moritz Wiggers[2] auf dem
zweiten Congreß deutscher Volkswirthe am 14. Sept.
1859 in den stenographischen Berichten dieses Congresses, S. 30.)

In Sachsen hingegen, dessen Bevölkerung in 30 Jahren etwa um 25 Proc. zunahm, bei einer Bevölkerung
von 7500 auf der Quadratmeile, war, ungeachtet der
noch mangelnden Gewerbefreiheit und vieler wenig
fruchtbarer Gebirgsgegenden, die Auswanderung sehr

---

[1] *In etwa 55 Quadratkilometer.*

[2] *Moritz Wiggers (1816-1894) war ein Jurist aus Mecklenburg,
dort führend zusammen mit seinem Bruder Julius Wiggers an
der Revolution von 1848 beteiligt. Hierfür wurde er 1853 im
Rostocker Hochverratsprozeß verfolgt (vgl. Julius Wiggers:
Vierundvierzig Monate Untersuchungshaft, 1861; Neuauflage
bei Libera Media). Später war er Abgeordneter der Deutschen
Fortschrittspartei und setzte sich unter anderem für die volle
rechtliche Gleichstellung der Juden ein.*

Ein- und Auswanderung

gering. (S. „Zeitschrift des sächsischen statistischen Bureau".)

In Preußen war (bei einer Bevölkerung von 16 und gegenwärtig über 17 Mill.) die Zahl der Ausgewanderten, zufolge Mittheilungen des Statistischen Bureau, auch nur in den Jahren 1845—46 = 16662, 1846—47 = 14906, worauf sie auf die Hälfte fiel, wiederum aber 1852—53 auf 21372 und 1853—54 auf 30344 stieg; im Zeitraum vom October 1844 [14] bis Ende 1855 betrug sie durchschnittlich pro Jahr 14349. Ihr stand indeß andererseits doch auch eine Einwanderung von durchschnittlich jährlich 2793 gegenüber[1]. In den Jahren 1849 und 1850—52 betrug die Zahl der Auswandernden zur gesammten Bevölkerung des preußischen Staates pro Jahr nur resp. 0,20 und 0,17 Proc. (S. statistische Tabellen und Hübner, V, 286; ingleichen Dieterici, „Mittheilungen des Statistischen Bureau" , Jahrgang 1853, S. 362.)

In Bezug auf die gesetzlichen Bestimmungen, welche bei diesem deutschen Auswanderungswesen in Betracht kommen, ist zu bemerken, daß die Bundesacte vom 8. Juni 1815[2] (Art. 18) den Unterthanen der deutschen

---

[1] *Die Einwanderung kommt im Westen hauptsächlich aus den Niederlanden und Skandinavien, im Osten aus Rußland und Österreich. Vgl. Salomon Neumann: Die Fabel von der jüdischen Masseneinwanderung, 1880 (Neuausgabe: Libera Media).*

[2] *„Vertraglich fixiert wird der Erwerb und Besitz von Eigentum an Grund und Boden für das gesamte Gebiet des Deutschen Bundes, so wie die freie Wahl des Wohnortes. Die Bundesversammlung wird sich bei ihrer ersten Zusammenkunft mit Abfassung gleichförmiger Verfügungen über die* Pressefreiheit *und die Sicherstellung der Rechte der Schriftsteller und Verleger ge-*

Anhang

Bundesstaaten die Befugniß des freien Wegziehens aus
einem deutschen Bundesstaat in den andern, der sie
erweislich zu Unterthanen annehmen will, nebst der
Freiheit von der Nachsteuer[1] eingeräumt hat, worauf
der Beschluß der Bundesversammlung vom 23. Juni
1817 die vollständige Nachsteuer- und Abzugsfreiheit
unter sämmtlichen deutschen Bundesstaaten, einschließlich des Ausschosses[2] von Erbschaften, gewähr-
te, daß dagegen wegen der Freiheit der Auswanderung
in nichtdeutsche Staaten keine bundesrechtlichen Bestimmungen bestehen (vgl. hierzu das preußische Gesetz vom 11. Mai 1819 in der Gesetzsammlung für
1819, S. 134). Abgesehen von der Befugniß, Grundeigenthum in einem andern Staate zu erwerben und zu
besitzen, ohne deshalb mehreren[3] Abgaben und Leistungen unterworfen zu sein als dessen eigene Unterthanen (Art. 18a), läßt die Bundesacte auch das Recht
der Freizügigkeit und Niederlassung Deutscher innerhalb der verschiedenen deutschen Staatsgebiete unerwähnt. Zu der in Art. 65 der Wiener Schlußacte vom
15. Mai 1820[4] vorbehaltenen Berathung ist es aber nicht

---

gen den Nachdruck beschäftigen."

[1] *Abgabe bei Fortzug oder je nachdem auch für Vermögen, das
außer Landes geht.*

[2] *Abzugsgeld (auch Abschoß, Abschied, Freigeld, Weglassung):
ähnlich dem Abzugsrecht und begrifflich im Gegensatz zur „gabella immigrationis", dem Einzugsgeld.*

[3] *mehr.*

[4] *Die Wiener Schlussakte war eine Ergänzung der Deutschen
Bundesakte. Sie wurde am 25. November 1819 beschlossen und*

gekommen. Inzwischen sind wol die direkten Auswanderungsverbote überall aufgehoben, da sich keine Regierung mehr das Zeugniß selbst ausstellen will, daß sie vermöge schlechter Gesetzgebung und Verwaltung aus dem eigenen Lande eine Zuchthausanstalt für ihre Unterthanen als Leibeigene und Schollenpflichtige mache. Nur in Rußland bedarf es selbst zu Reisen ins Ausland noch besonderer Erlaubniß. In Preußen war die Freiheit der Auswanderung grundsätzlich bereits durch das Allgemeine Landrecht[1] anerkannt. Dazu waren durch die Verordnung vom 15. Sept. 1818 (Gesetzsammlung, S. 175) und noch ausgedehnter durch das Gesetz vom 31. Dec. 1842, Nr. 2319, §§. 17 und 18 (Gesetzsammlung, 1843, S.15) alle Auswanderungen freigegeben mit Ausnahme derer von Militärpersonen des stehenden Heeres oder der Reserven und zum activen Dienst einberufener Landwehr, der frühern wie der Landwehroffiziere und activen Civilbeamten, wie der militärpflichtigen jungen Männer zwischen dem 17. und 25. Jahre, letzteren ohne vorgängige Prüfung der Kreisersatzcommission[2]. Demnächst bestimmt Art. 11 der preußischen Verfassungsurkunde vom 31. Jan. 1850: „Die Freiheit der Auswanderung kann von Staats wegen nur in Bezug auf die Wehrpflicht beschränkt werden. Ab-

---

trat am 8. Juni 1820 in Kraft.

[1] *Das Allgemeine Landrecht für die Preußischen Staaten trat nach längerer Vorbereitung 1794 in Kraft. Es umfaßte in einem Gesetzbuch sowohl das Zivilrecht und das Strafrecht als auch einen Teil des öffentlichen Rechts.*

[2] *Zuständig für die Musterung, Einberufung, usw. der Wehrpflichtigen.*

zugsgelder dürfen nicht erhoben werden." (Rönne, „Das Staatsrecht der preußischen Monarchie", I, §. 91, S. 316 fg.)

Vergleicht man nun die Auswanderungsstatistik der einzelnen deutschen Staaten mit den in ihnen geltenden, einerseits die Auswanderung aus ihrem Gebiet, andererseits die Freizügigkeit und Niederlassung innerhalb ihres Gebiets erleichternden oder erschwerenden und beschränkenden gesetzlichen Bestimmungen, so ergibt sich nicht blos, daß Präventivmaßregeln und Polizeigesetze gegen die Auswanderung meistentheils erfolglos blieben, sondern außerdem insbesondere auch, daß die Zunahme und der Umfang der Auswanderung mit der Erschwerung der Niederlassung und der Beschränkung der Freizügigkeit im Innern Hand in Hand gehen. Es gibt gegen die Auswanderung kein anderes, wirksameres Mittel als eine vernünftige, gerechte Gesetzgebung und Verwaltung und namentlich die Herstellung der vollen bürgerlichen und natürlichen Freiheit bezüglich der Freizügigkeit und Niederlassung. Wo sich positive[1] Staatseinrichtungen, wie z. B. in Mecklenburg und auch noch in andern deutschen Ländern, in Widerspruch gesetzt haben mit ewigen Rechten und Naturgesetzen, wo sie der Anwendung der menschlichen Kräfte, der Erwerbsthätigkeit oder gar der Gründung von Ehen und Familien in den Weg treten, da liefert geradezu die Auswanderung den Beweis für die trotz der schlechtesten, unsittlichsten und ungerechtesten positiven Gesetze unzerstörbare sittliche Natur der

---

[1] *Tatsächliche Einrichtungen, es ist keine zustimmende Wertung damit gemeint.*

Menschen, indem dieselben ihrerseits in der Auswanderung das Mittel finden, sich den moralisch wie physisch gleich verderblichen Folgen solcher verkehrten staatsgesellschaftlichen Einrichtungen zu entziehen, und eine andere ferne Heimat nur deshalb aufsuchen, um sich die Wege zur vollen Ausbildung und Reinigung der ihnen von Gott gegebenen Kraft und vorgezeichneten höhern menschlichen Bestimmung zu eröffnen.

Während Preußen (gleichwie auch England und Frankreich) keinerlei obrigkeitliche Beschrän-[15]-kungen der Ehen kennt, im allgemeinen auch an dem Grundsatze festhält: „daß keinem selbständigen preußischen Unterthan an dem Orte, wo er eine eigene Wohnung oder ein Unterkommen sich selbst zu verschaffen im Stande ist, der Aufenthalt verweigert oder durch lästige Bedingungen erschwert werden darf" (Gesetz vom 31. Dec. 1842, §. 1, Nr. 2317; preußische Gesetzsammlung für 1843, S. 5), machen andere deutsche Staaten die Ansiedelung und Gründung einer Familie von einem besondern Nachweise der Ernährungsbedingungen im einzelnen Falle abhängig. So gilt für ein den Unterhalt sicherndes Vermögen in Baden nach einem Gesetz von 1831 in den vier größten Städten die Summe von 1000, in den 10 kleinern von 600 und in den übrigen Gemeinden von 300 Fl.[1], in Kurhessen (seit 1834) in kleinen Landgemeinden die Summe von 150, für die Hauptstadt[2] von 1000 Thlrn. (Roscher, I, 528). In Wür-

---

[1] *Gulden, die übliche Währung in Süddeutschland (im Norden: Taler).*

[2] *Kassel.*

temberg wird nach dem revidirten Bürgerrechtsgesetz, vom 4. Dec. 1833 als genügender Nahrungsstand persönliche Befähigung zu einer freien Kunst oder Wissenschaft, zum selbständigen Betriebe des Handels, eines Handwerks oder eines andern für den Unterhalt einer Familie zureichenden Nahrungszweiges oder ein nach persönlichen und örtlichen Verhältnissen abgestuftes Vermögen von 1000, 800 oder 600 Fl. und ebenso viel bei der Uebersiedelung eines Landwirths in eine andere Gemeinde, außer der von ihm nachzuweisenden persönlichen Befähigung zum landwirthschaftlichen Gewerbe, gefordert. Das würtembergische Verehelichungsgesetz vom 5. Mai 1852 verlangt von einem heirathlustigen Paare den Nachweis einer Vermögenssumme von 150 und in Gemeinden erster und zweiter Klasse von 200 Fl. (Tübinger Zeitschrift, IX, 1, 2, S. 187 fg.; X, 123 fg.; Roscher a. a. O.). In Baiern — jedoch mit Ausschluß der bairischen Rheinpfalz — bestimmt ein Gesetz vom 1. Juli 1834 für sie Ansässigmachung speciell vier verschiedene Titel[1], namentlich 1) den Besitz einer Gewerbsconcession oder 2) desgleichen eines realen oder radicirten[2] Gewerbes oder 3) eines Grundvermögens von 1, 1 ½, oder 2 Fl. Steuersimplum (zum Werthe etwa von 800—2000 Fl.), je nachdem jemand in der Gemeinde geboren ist und ihr schon angehörte, oder in die Gemeinde von auswärts einzieht, oder aber ein Ausländer ist; 4) den Erweis ei-

---

[1] *Anforderungen.*

[2] *Ein reales Gewerbe ist an eine Liegenschaft gebunden. Bei einem „radizierten" Gewerbe ist der Anspruch ins Grundbuch eingetragen.*

nes durch Lohnverdienst oder sonstiges Einkommen gesicherten Nahrungsstandes. Über das Vorhandensein dieses letzten Titels haben in der Regel die Gemeinden und mit absolutem Veto, bei den drei andern Titeln die Staatspolizeibehörden zu entscheiden.

Dabei existirt in den drei letztgedachten Ländern noch ein lediglich vermöge eines mehr oder weniger ausgedehnten Concessionswesens durchbrochener Zunftzwang und außerdem mancherlei Beschränkung in der freien Benutzung des Grundeigenthums. (S. dieserhalb Lette, „Die Vertheilung des Grundeigenthums im Zusammenhange mit der Geschichte, der Gesetzgebung und den Volkszuständen", Berlin 1858, S. 93 fg. bis 117.)

Ist es bei einer solchen Lage der Gesetzgebung in deutschen Staaten zu verwundern, daß fortgesetzt hunderttausende junger kräftiger und strebsamer Handwerker und Arbeiter auswandern und daß dieselben nicht blos jenseits des Meeres, in den Vereinigten Staaten von Nordamerika und in den britischen Kolonien, wo, wie im Mutterlande England, ein solches Polizei- und Bevormundungssystem der Gesetzgebung völlig unbekannt ist, sondern daß sie selbst in dem benachbarten Frankreich Fortkommen, Herd und Heimat aufsuchen, wo allein in Paris etwa 80000, besonders aus dem Süden ausgewanderte Deutsche leben[1] und an der fortschreitenden Vermehrung der Produktiv- und Steuerkraft

---

[1] *Paris hat um die Zeit etwa 1,8 Millionen Einwohner, wovon somit etwa 4% bis 5% deutsche Einwanderer sind.*

eines feindseligen Nachbars[1] mitarbeiten? Denn auch
auf dem Boden Frankreichs, sobald sie dessen Grenzen
überschritten haben, öffnet sich ihnen bei der dort
herrschenden Freizügigkeit und Gewerbefreiheit ein
weites unbeschränktes Gebiet für ihre Erwerbsthätigkeit, während ihrem Streben und Fortkommen im eigenen deutschen Vaterlande Schranke um Schranke ent-
gegentritt, und das nicht blos zwischen dem einen und
dem andern deutschen Staate, sondern ebenso und fast
noch mehr innerhalb des einzelnen deutschen Landes
selbst, in welchem sie geboren sind, zwischen der einen
Gemeinde und der andern, wo oft die Heimatsgesetze
zur Niederlassung und Familiengründung oder gar zur
Uebersiedelung in einen andern Gemeindebezirk den
Besitz und Nachweis eines größern Vermögens erfordern, als es ein Auswanderer für sein Fortkommen im
fremden Lande nöthig hat.

Während die Bevölkerung im Zeitraum von 1853—
55 in Preußen von 16,935420 Seelen auf 17,202831,
also um 1,58 Proc. (während der drei Vorjahre 1850—
52 sogar um 3,28 Proc.) stieg, verminderte sie sich hingegen in Baden von 1,367208 auf 1,314837 (um 3,12
Proc.), in Würtemberg von 1,733263 auf 1,669720 (um
3,66 Proc.), in Baiern von 4,559452 auf 4,541556 um 0,39
Proc.) (Hübner V, 2, 43, 59, 68, 124), in Mecklenburg
seit 1851 um 1000 (stenographische Berichte des
volkswirthschaftlichen Congresses, S. 30). Mit der Er-

---

[1] *In Deutschland gibt es allgemein einen Vorbehalt gegen den
"Erbfeind". Um die Zeit macht man sich aber auch besonders
wegen der abenteuerlustigen Außenpolitik von Kaiser Napoleon
III. Sorgen.*

schwerung der Niederlassung fällt einerseits die Verminderung der Ehen, andererseits die Ver-[16]-mehrung der Concubinate[1] wie der unehelichen Geburten und sogar die zunehmende Last der Armenpflege zusammen. So kommt in Preußen eine uneheliche Geburt auf 13,5 eheliche, in Würtemberg auf 7,7, in Altbaiern[2] schon auf 4, hingegen in der bairischen Rheinpfalz, wo volle Niederlassungsfreiheit herrscht[3], erst auf 10. Hier soll auch die Armenlast, mit der Bevölkerung verglichen, nur 34,5 Proc. vom Durchschnitt der andern bairischen Kreise betragen. (Roscher, I, 497 und 522; Tübinger Zeitschrift, IX, S. 25 fg. 53, 61 fg.; desgleichen „Zeitschrift des Centralvereins in Preußen für das Wohl der arbeitenden Klassen", I, 49 fg., 64 fg., in dem Aufsatz des Verfassers über Freiheit der Arbeit u. s. w. und Freizügigkeit ferner Hübner, V, 2, S. 59, 72 und 125.)

Wie die Auswanderung nach fremden Ländern mit den Beschränkungen der Freizügigkeit der Niederlassungs- und Erwerbsfreiheit im Innern der Staatsgebiete, so steht diese letztere wiederum mit dem Zustande der Sittlichkeit und des physischen Gedeihens der Menschen im ganzen und großen in innerlicher Wechselwirkung. Am schlagendsten beweisen dies die Verhältnisse in Mecklenburg-Schwerin, wo die Auswanderung am größten war. Dieselbe erklärt sich zureichend aus den

---

[1] *Zusammenleben ohne Trauschein.*

[2] *Das eigentliche Bayern im Gegensatz zur Pfalz, die auch zu Bayern gehört.*

[3] *Ein Relikt der französischen Zeit, als der Westen Deutschlands ein Teil von Frankreich mit seiner Freizügigkeit war.*

freilich sehr exceptionellen bürgerlichen Institutionen dieses Landes, in welchen sich die vollständigste Incarnation[1] des zugleich mit dem System des neuern Polizeistaats verschmolzenen Ständethums und Feudalwesens verkörpert. Der Aufhebung der Leibeigenschaft der Bauern im Jahre 1820[2] folgte auf den Rittergütern (jetzt 1008, mit 656 Besitzern, resp. Rittergutsfamilien, wovon überdies 620 Lehen und von den übrigen ein Theil Fideikommisse[3] sind) alsbald die Einziehung fast aller bäuerlichen Grundstücke zu den Gutsarealen nebst Austreibung der bäuerlichen Besitzer und ihrer Familien aus den Höfen. Den Rittergutsbesitzer verblieb die Patrimonialgerichtsbarkeit[4] und Polizeigewalt. Von ihrer Concession hängt die Verehelichung wie die Niederlassung ab, und man zählt über 20000 besitzlose Tagelöhner, circa 30000 Knechte und ebenso viel Mägde. Jene Concession wird bei der Besorgniß vor der Ar-

---

[1] *Verkörperung.*

[2] *Mecklenburg ist damit ein Nachzügler. In Preußen ist die Leibeigenschaft schon seit 1794 oder in vollem Umfang seit 1807 abgeschafft.*

[3] *Um den Grundbesitz meist adliger Familien zusammenzuhalten, gibt es verschiedene rechtliche Konstruktionen, etwa den eines „Fideikommisses", einer Art Stiftung, die der gesamten Familie gehört, aber deren Vermögen nur von einem Mitglied genutzt werden darf. In Gebieten, wo es großen Grundbesitz gibt, folgt daraus, daß wenig Land zu erwerben ist und Landarbeiter sich nur schwer mit einem eigenen Hof selbständig machen können.*

[4] *Eigenständige Gerichtsbarkeit auf einem Gut.*

menpflege, die nach Austreibung der Bauern dem Gutsherrn innerhalb seines Territoriums allein obliegt, ungern und meist nur dann ertheilt, wenn eine der Tagelöhnerwohnungen auf dem Gute durch Absterben oder Abzug wieder offen wird. Thatsächlich gibt es mithin keine Freizügigkeit, abgesehen von der Auswanderung. Die Menschen sind wiederum glebae adscripti[1] des Gutes, auf dem sie geboren wurden oder sich einmal befinden. Uneheliche Geburten werden, sogar nach einem neuern Gesetz, an den Mägden bestraft. Die Geldstrafen (Hurenbußen) fließen in die vom Gutsherrn verwaltete Armenkasse. Eine anderweite selbständige Existenz als die eines gutsherrlichen Tagelöhners kann die weit überwiegende Mehrzahl der ländlichen Beiwohner nicht gewinnen. Denn zufolge des mit den Ständen Mecklenburgs (den Rittergutsbesitzern und Städten) errichteten Erbvergleichs vom 16. April 1756[2] und nach spätern Verordnungen ist der Gewerbebetrieb auf die Städte mit strenger Zunftverfassung und ausgedehntem Bannbezirk[3] beschränkt. Aller Han-

---

[1] *an die Scholle, den Boden, Gebundene.*

[2] *Der Landesgrundgesetzliche Erbvergleich stellte die landesständische Verfassung des mecklenburgischen Staates (Mecklenburg-Schwerin und Mecklenburg-Strelitz, aber nicht Ratzeburg) dar. Er umfaßte 25 Artikel und 530 Paragraphen und blieb bis 1918 in Kraft (mit kurzer Unterbrechung während der Revolution von 1848). Eine regelrechte Verfassung wie andere Staaten in Deutschland hatte Mecklenburg nie.*

[3] *Bei Bestehen eines Bannrechtes sind die Konsumenten in einem Gebiet (Bannbezirk) gezwungen, gewisse Leistungen und Waren nur von bestimmten Anbietern zu beziehen.*

del auf dem Lande ist verboten. Innerhalb des ganzen letzten Decennium vor 1851 wurden nur circa 1100 Bewohner des platten Landes als Gewerbtreibende in die Städte aufgenommen; schon damals zählte man auch in den Domänenorten mehr als 1000 niederlassungsfähige Handwerker ohne Unterkommen. Nur der Rittergutsbesitzer darf, außer Brauerei und Brennerei, Ziegelei u. dgl., die allernothwendigsten Gewerbe zur eigenen Nothdurft durch seine Handwerker, indes ohne Gesellen, betreiben lassen. Nur er ist zoll- und als Gewerbtreibender auch steuerfrei[1]; die übrigen Landbewohner müssen in der Regel alles, was sie an Handwerkswaaren, sogar an Consumptibilien[2] brauchen, in der Stadt kaufen. Während die Rittergutsterritorien nebst allen ihren Bewohnern von den Ständen (den Rittergutsbesitzern und Städten) vertreten werden, fehlt den Unterthanen der Domänen[3], gegenüber der Regierung, jede Vertretung auch bei der Besteuerung (Hübner, II, 178 fg.; Lette, „Vertheilung des Grundeigenthums", S.87 fg.; stenographische Berichte des volkswirthschaftlichen Congresses von 1859, S. 30.) Bei der stationären Bevölkerung nimmt dennoch die Zahl der Eheschließungen fortschreitend ab. In den Ritter-

---

[1] *Der Grund für die Steuerfreiheit war, daß Ritter ursprünglich zum Kriegsdienst verpflichtet waren und somit schon etwas für den Landesfürsten beitrugen. Das war aber schon lange nicht mehr der Fall. Außerdem war die Steuerfreiheit auch an das Gut, nicht die Person gebunden, und ging an einen Käufer über.*

[2] *Verbrauchsgegenstände, Konsumgüter.*

[3] *Güter des Staates.*

gutsortschaften kam noch im Jahre 1841 auf 145, im Jahre 1850 nur noch aus 269 Lebende eine Trauung[1]. Dagegen vermehrt sich die Zahl der außerehelichen Kinder, gleichzeitig aber auch die der Todtgeburten, beider im ungewöhnlichsten Verhältniß. Im Jahre 1820 kam noch auf 10,8 eheliche Geburten eine uneheliche, gegenwärtig schon auf 4,7. Im Jahre 1851 waren in 260 Ortschaften ein Drittel und mehr, in 209 die Hälfte und mehr, in 79 sogar alle Geburten uneheliche. (Roscher, I, 497; Hübner, II, 168 fg:, 194; V, 119.) Eine nicht geringe Zahl wandert nur deshalb aus, um im fremden Lande das Concubinat[2] in eine bürgerliche Ehe verwandeln zu können und sich trauen zu lassen, dadurch aber den Concubinen-Kindern[3] einen rechtmäßigen Vater zu geben. Im Jahre 1862 waren von 18892 Geburten [17] 3968 uneheliche und 1099 resp. Totgeborene oder vor der Taufe gestorbene Kinder, sodaß schon eins auf 17 Geburten kam (in Preußen auf 29,8). Sogar die Anzahl der Selbstmorde im Verhältniß zur Bevölkerung und zu den Todesfällen ist in Mecklenburg bei weitem größer als in andern Ländern. (Hübner, II, 167, 169.)

Auch die Gesetzgebung in Preußen versuchte, und zwar erst nach dem Übergange dieses Staates aus der

---

[1] *Eine gewisse Verzerrung könnte es allerdings auch wegen der starken Auswanderung geben, wegen der es weniger heiratsfähige Untertanen gibt.*

[2] *Zusammenleben ohne Trauschein; die heutige Bedeutung von Konkubine als eine Art Maitresse ist eine Einengung des älteren Begriffs.*

[3] *Uneheliche Kinder.*

absoluten in die constitutionelle Verfassungsform (1848 und 1850), seit der 1851 hervortretenden Reaction einzelne Rückschritte sowol in Bezug auf die in diesem Staate seit Jahrhunderten anerkannte Freizügigkeit wie auf die seit 1807 und 1811 anerkannte Niederlassungs- und Ansiedelungsfreiheit. Man beschränkte die 1810 eingeführte Gewerbefreiheit aus politischer Tendenz im vermeintlichen Interesse der Handwerker (durch Verordnung vom 1. Dec. 1849), sodann die Befugniß, infolge einer Dismembration[1] von Grundbesitzungen auf den Trennstücken neue Ansiedelungen zu gründen, durch den beim Widerspruch der Ortsobrigkeit oder Gemeinde zu führenden Nachweis des Vermögens zum Bau und zur Wirthschaftseinrichtung (Gesetz vom 24. Mai 1853, Gesetzsammlung S. 241), endlich die althergebrachte, aber auch gesetzlich (schon 1804, dann unterm 31. Dec. 1842) ausgesprochene Freiheit, Aufenthalt und Wohnort an jedem Orte des Staatsgebiets zu nehmen, insbesondere für Städte durch die Zulässigkeit von Gemeindebeschlüssen wegen Entrichtung eines die Niederlassung bedingenden Einzugsgeldes (Städteordnungen vom 30. Mai 1853 und von 1856). Es ist nicht ohne Grund darauf hingewiesen, daß sich nach 1849 die Zahl der unehelichen Geburten um etwas vermehrte. (Bergius in Hübner's „Jahrbüchern", I, II, S. 305.) Jedenfalls ist die Thatsache beachtenswerth, daß seit 1851 die Auswanderung von 8922 Personen im Vorjahre 1850—51 plötzlich auf 21372 im Jahre 1851—52, sodann auf 18194, resp. 30344 und über 17000 in den drei folgenden Jahren stieg (Hübner, V, 286), während

---

[1] *Zerstückelung, Aufteilung eines großen Gutes.*

die ebenfalls sehr hervorstechende größere Auswanderung in den Jahren 1845—46 und 1846—47 theils aus den Misernten, theils aber aus der schon damals sichtbaren, dem Jahre 1848 vorausgegangenen innern Bewegung im Volke erklärt werden mag.

Inzwischen ist jedoch in Preußen die Gesetzgebung bereits im Begriff, das ebenfalls erst 1853 und zwar an Stelle des von alters her zulässigen Bürgerrechtsgeldes[1] den Städten gestattete Hausstandsgeld[2] als eine verwerfliche Heirathssteuer und Erschwerung der Niederlassung wieder aufzuheben. Dazu verlangt fast ungetheilt die allgemeine Stimme und öffentliche Meinung auch die Wiederabschaffung des städtischen Einzugsgeldes[3] (gegenwärtig in Berlin 30, künftig nur 20 Thlr., für kleine Städte herabgehend bis auf 3 Thlr.). Es sei das lediglich eine Einnahmequelle für die städtischen Finanzen, wogegen es besonders nachtheilig auf die benachbarten ländlichen Gemeinden wirke, im Widerspruch stehe mit dem traditionellen und wohlthätigen Princip der Freizügigkeit, im allgemeinen zwecklos, andererseits aber ungerecht und gemeinschädlich sei theils für den dadurch besonders betroffenen besitzlosen Arbeiterstand, theils für den durch die Freizügigkeit der Arbeiter bedingten Fortschritt von Cultur, Industrie und Gewerbe. Überdies leiste dasselbe der Verarmung wie der Ver-

---

[1] *Gebühr, um Bürger zu werden, der am politischen Leben teilnehmen kann (mehr als nur das Recht zur Niederlassung).*

[2] *Gebühr für einen neuen Hausstand, und damit indirekt eine Abgabe auf Ehen.*

[3] *Gebühr bei Zuzug (ohne Erwerb des Bürgerrechts).*

mehrung der Armenlasten Vorschub, statt denselben entgegenzuwirken.

Kann der Auswanderung am wenigsten durch beschränkende und bevormundende Präventivmaßregeln begegnet werden, gibt es vielmehr kein anderes, erfolgreicheres Gegenmittel, als durch gute Gesetze, durch Sicherung politischer, religiöser und bürgerlicher Freiheit die Menschen die Heimat lieben zu lehren und ihnen im Vaterlande das zu bieten, was sie durch die Auswanderung in der Fremde erstreben, so wäre es vor allem Aufgabe und Pflicht der deutschen Regierungen und Landesvertretungen, im Wege der Gesetzgebung zunächst in den Einzelstaaten die Hemmnisse der Arbeit und des Erwerbes durch Gewerbe- und Niederlassungsfreiheit wegzuräumen, gleichzeitig innerhalb aller deutschen Länder sowie gegenseitig unter allen deutschen volle Freizügigkeit anzubahnen, nach dem Präcedens[1] des Bundesbeschlusses[2] vom 23. Juni 1817 und der Vereinbarung vom 11. Juli und 5. Nov. 1863 (preußische Gesetzsammlung S. 878) und nach gemeinsamen freisinnigen[3] Principien (S. hierüber unter andern auch Schuez in dem Aufsaz über das Verehelichungs- und Übersiedelungsrecht, Tübinger Zeitschrift, Jahrgang 1848, S. 25 fg.) Gehen in allen zum Zollverein verbun-

---

[1] *Vorgang, beispielgebender Beschluß.*

[2] *Beschluß des Bundesrates, der Vertretung der Staaten des Deutschen Bundes.*

[3] *„freisinnig" ist einfach das deutsche Wort für „liberal", allerdings mit teilweise anderen Konnotationen, besonders später, wo es eine Freisinnige Partei gibt (ab 1884).*

denen Staatengebieten die Producte und Fabrikate der deutschen Arbeit frei aus und ein ohne Rücksicht auf den Ort ihrer Erzeugung, so sollte man doch den Producenten und Arbeitern dieselbe Freiheit zugestehen ohne Rücksicht auf ihren Geburts- und Heimatsort. Kapitalien und Industrie einerseits und Arbeitskräfte andererseits bedürfen einander und bedingen sich wechselseitig. Wenn sich erstere nach allen Orten [18] frei hinwenden dürfen, wo sie mit dem größtmöglichen Vortheil und Erfolg angelegt und nutzbar gemacht werden können, ohne Einzugsgeld oder sonstige Beschränkung, so sollte dem Arbeiter dieselbe Freiheit nicht erschwert oder verschränkt werden dürfen, sofern man ihn nicht zur Nahrungslosigkeit und Armuth verurtheilen will.

Wie ein neueres preußisches Gesetz vom 9. Mai 1857 (Gesetzsammlung, S. 160) „alle Sklaven von dem Augenblick an für frei erklärt, wo sie preußisches Gebiet betreten"[1], so sollte doch auch der freie Mann, namentlich der vermögenslose freie Arbeiter nicht durch Beschränkung der Niederlassung und Freizügigkeit mehr oder weniger zum glebae adscriptus an einem bestimmten Orte degradirt werden.

Solange dieser wirksamere Weg für die deutsche Auswanderung nicht betreten wird, empfiehlt sich allerdings um so mehr ein zweiter Gesichtspunkt, näm-

---

[1] *Natürlich eher symbolisch, weil kaum ein Sklave es wohl nach Preußen schaffen würde, aber Ausdruck der allgemeinen Ablehnung in Deutschland gegen die Sklaverei. Es ist die Zeit vor dem Amerikanischen Bürgerkrieg ab 1861.*

lich der der Fürsorge für die in die Fremde wegziehenden Landsleute. Und es behält dieser letztere freilich auch neben jenem um deswillen immerhin seine Bedeutung, weil einmal die Auswanderung ein Erbtheil aller civilisirten Nationen der Alten wie der Neuen Welt, ganz besonders aber der germanischen Volksstämme ist, denen der Wandertrieb wie das Streben nach Verbesserung der menschlichen Zustände einwohnt, sei es in unbestimmter Hoffnung, sei es in Veranlassung einzelner glücklicher Erfolge vorausgegangener Freunde. Es beruhen die Aus- und Einwanderungen selbst vielleicht auf einem höhern Gesetz der Vorsehung, wie in der Vergangenheit, so auch in der Zukunft. Anerkennenswerth sind daher Vereine, wie sie in mehreren Städten Deutschlands zu dem doppelten Zwecke bestehen, um vor übereilter Auswanderung, auch vor der nach solchen Ländern, wie z. B. Brasilien, zu warnen, wo der Auswanderer in der Regel seinem Elend entgegengeht, um ferner den Auswandernden auch anderweit mit Rath und Hülfe zur Seite zu stehen. Anerkennenswerth sind ferner die in mehreren Staaten Deutschlands neuerlich erlassenen Gesetze über Concessionierung, Beaufsichtigung und Cautionsbestellung der Auswanderungsagenten (s. unter andern das preußische Gesetz vom 7. Mai 1853, Gesetzsammlung, S. 729), soweit dergleichen Gesetze nicht mittelbar zur Erschwerung oder Verhinderung der Auswanderung dienen sollen oder misbraucht werden, endlich gesetzliche Vorschriften, wie sie in der Freien Stadt Bremen (1849 und 1855), später in der Freien Stadt Hamburg (1850 und 1855), ebenso in den Vereinigten Staaten von Nordamerika, in Frankreich u. s. w. über die Einrichtung, Verproviantirung und Beaufsichtigung der mit der Beförderung

Ein- und Auswanderung

von Passagieren und Auswanderern beschäftigten Schiffe, Kapitäne und Agenten erlassen sind, welche, wie es in den beiden Seehäfen Hamburg und Bremen der Fall ist, durch amtlich eingesetzte Commissionen aus Senat und Bürgerschaft überwacht werden. (Vgl. diese Gesetze, resp. Auszüge aus denselben bei Hübner, IV, 290 fg.)

Der Gedanke einer Leitung und Organisation der deutschen Auswanderung, in der Absicht, diese letztere mit dem Mutterlande in näherm Verkehr und ihr dadurch heimische Sprache und Sitte zu erhalten, hat das nach einheitlicher Zusammenfassung und Beschützung seiner nationalen Interessen sehnsüchtige deutsche Volk schon seit langer Zeit bewegt.

In diesem Sinne scheint auch im Jahre 1856 ein Antrag von der bairischen Regierung bei der Bundesversammlung gestellt: „auf gemeinsame Organisation der deutschen Auswanderung zu dem Zwecke, die deutsche Auswanderung nach Gegenden zu lenken, wo die Auswanderer nicht der Speculation oder dem bloßen Zufall preisgegeben würden, sondern Aussicht auf eine gesicherte Existenz gewännen, wo sie ferner ihre Nationalität bewahren und mit dem Vaterlande in Beziehung bleiben könnten." Als Länder solcher Art bezeichnete der Antrag vorzugsweise Ungarn und die Donauländer[1].

---

[1] *Die Donaufürstentümer sind die unter osmanischer Oberhoheit stehenden Fürstentümer Moldau und Walachei. Im Jahr dieser Artikel von Wilhelm Lette vereinigen sie sich zum Königreich Rumänien.*

Anhang

Daß der dieserhalb von der Bundesversammlung niedergesetzte Geschäftsausschuß nach einigen Jahren noch zu keinem andern Entschluß gekommen war, als zu dem, „zunächst noch von den verschiedenen Regierungen weitere Informationen einziehen zu lassen", überrascht bei dem gewohnten resultatlosen Geschäftsgange dieser Versammlung nicht. Es mußte auch von vornherein klar sein, daß ohne eine gemeinsame Diplomatie und Vertretung der deutschen Staaten nach außen, mithin ohne eine kräftige Centralgewalt[1] von der beantragten Maßregel überhaupt kein Erfolg zu erwarten sei. Es mußte aber auch ferner bei Erwägung der unerläßlichen Voraussetzungen und Bedingungen jeder Colonisation sofort einleuchten, daß die in dem bairischen Antrage bezeichneten Länder einestheils wegen des Mangels staatlicher Ordnung und Rechtssicherheit, anderntheils aber so lange für eine deutsche Colonisation vollkommen ungeeignet sind, als keine Gewähr geboten wird für die volle Freiheit und Gleichberechtigung der Confessionen, für Freiheit der Niederlassung und des Gewerbes wie für die communale Selbstverwaltung [19] (Roscher, I, 529), für jene immateriellen und materiellen Güter, um derentwillen viele Auswandernde das Vaterland verlassen, die ihnen aber am wenigsten in den unter habsburgischem Scepter stehenden Ländern gesichert sind, aus denen bis zur neuern Zeit nur Auswanderungen der um ihres Glaubens willen Verfolgten stattfanden und in welchen die Art. 13 und 16 der Bun-

---

[1] *Wie sie von den Anhängern einer deutschen Einigung wie Wilhelm Lette gewünscht wird und kurzzeitig während der Revolution von 1848 bestand.*

Ein- und Auswanderung

desacte[1] vom 8. Juni 1815 nach einem halben Jahrhundert noch vergebens auf Verwirklichung warten.

Ist es erlaubt, ein Land zu bezeichnen, wo eine noch so zahlreiche deutsche Colonisation auf Jahrhunderte hin eine Stätte finden und ihre Nationalität vollkommen bewahren könnte, so wäre es die Argentinische Conföderation der La-Plata-Staaten[2] mit ihren ungeheuern fruchtbaren, dabei fast menschenleeren Gefilden[3] und mit einer Verfassung, welche allen Erfordernissen zur anlockenden und gedeihlichen Niederlassung und An-

---

[1] *Artikel 13 lautet: „In allen Bundesstaaten wird eine landständische Verfassung stattfinden."*

Artikel 16: „Die Verschiedenheit der christlichen Religionen darf in den Ländern des deutschen Bundes keinen Unterschied in der Wahrnehmung der bürgerlichen und politischen Rechte begründen. Die Bundesversammlung wird darüber beraten, wie auf eine möglichst übereinstimmende Weise die bürgerliche Verbesserung der Bekenner des jüdischen Glaubens in Deutschland zu bewirken sei."

Beide stehen auf dem Papier, weil es keine Kompetenz des Bundes zur Durchsetzung gibt, abgesehen davon, daß sie auch schon sehr vage formuliert sind.

[2] *Vereinigte Provinzen des Río de la Plata war der Name für das Territorium der heutigen Staaten Argentinien, Uruguay und des bolivianischen Departamento Tarija von der Mai-Revolution 1810 bis zur Mitte der 1830er Jahre. Wilhelm Lette meint hier wohl eher die Argentinische Konföderation, die den älteren Namen allerdings nach Verfassung auch zuläßt (aber nur als Bezeichnung für Argentinien, nicht für das frühere Gebiet).*

[3] *Gegenden.*

191

siedelung Fremder entgegenkommt, sogar den freien Handel und die freie Schiffahrt auf den Strömen für alle Nationen als ein Verfassungsprincip festsetzt, deren Grundbestimmungen vorzugsweise auf Beförderung der Einwanderung und Colonisation berechnet und basirt sind[1]. (S. Don Juan Alberdi, „La constitution de la conféderation Argentine, précédée d'un examen du gouvernement, qu'elle établie au point de vue des avantages, que doivent attendre les étrangers de la navigation, du commerce et de la paix", Dünkirchen 1856.)

Inzwischen wird auch wol die Organisation und einheitliche Leitung der deutschen Auswanderung im Sinne des Antrags der bairischen Regierung auf die einheitlichere Gestaltung der Verfassung Deutschlands warten müssen, und es wird die Realisirung auch dieses Wunsches davon abhängen, ob die einzelnen deutschen Regierungen ihre Sonderinteressen den von ihnen erkannten großen gemeinsamen nationalen Interessen des deutschen Volkes, deren eines auch jener Antrag zum Gegenstand hatte, zum Opfer bringen wollen.

W. A. Lette.

---

[1] *Diese Tradition ist bemerkenswerter Weise noch heute lebendig. Gemäß dem Gesetz 25.871 von 2004 ist freie Einwanderung nach Argentinien ein Menschenrecht. In der englischen Übersetzung: „The right to migrate is essential and inalienable to all persons and the Republic of Argentina shall guarantee it based on principles of equality and universality."*

WEITERE BÜCHER ZUM THEMA BEI LIBERA MEDIA

- **Karl Braun:** Studien über Freizügigkeit

- **Karl Braun:** Für Gewerbefreiheit und Freizügigkeit durch ganz Deutschland

- **Karl Braun:** Die Freizügigkeits-Gesetzgebung der Schweiz

- **Friedrich Bitzer:** Das Recht auf Armenunterstützung und die Freizügigkeit

- **Salomon Neumann:** Die Fabel von der jüdischen Masseneinwanderung

- **Franz von Holtzendorff:** Die Auslieferung der Verbrecher und das Asylrecht

Siehe auf unserer Website auch den Themenschwerpunkt mit weiteren Titeln:

http://libera-media.de